保育原理

子どもの保育の基本理論の理解

岡田耕一 編著

萌文書林
Houbunshorin

「保育原理」を初めて学習する皆さんへ

　「保育原理」は、保育士資格を取得するための必修科目であり、「保育の本質・目的に関する科目」の一つとされています。保育原理は、ほとんどの大学、短期大学において、１年生の前期（春学期）に開講されており、**保育者としての最初の一歩を踏み出すための科目**と言えます。

　保育原理では、**保育の基本・原則**を学習しますが、その学習が他の科目の基礎となるものです。そこで、このテキストでは、保育者を目指す学生の皆さんが是非、身につけてほしい**保育についての専門的知識・技術を厳選**いたしました。

　このテキストの特色は以下の通りです。

１．保育者になるために、何を学習するかを明確に示しています

　学習する内容を各章の冒頭に「**この章で学ぶこと**」として一覧表の形で示しています。これは、学生の皆さんが保育原理を学習して、最終的に何を身につけることが必要かを示しています。そして、身につけた知識をチェックするために、「**学びのふりかえり**」を掲載しています。確認のテストでは、保育所保育指針の中で是非覚えていただきたい箇所を主に練習問題として掲載しています。そして巻末のページには「保育原理の総復習」として、すべての学習のまとめを掲載しています。

２．保育所実習や幼稚園実習で役に立つテキストです

　このテキストでは、学生の皆さんが保育の基本的な知識・技術を学習し、学習した内容をさらに**保育所実習や幼稚園実習の予習・復習に役立てる**ことができるように工夫しています。各章の中で、テキストの内容をどのように実習に生かすことができるか、アドバイスをしています。

3．保育所保育指針、幼稚園教育要領などの言葉を取り入れています

　保育原理の学習では、保育所保育指針をもとに、幼稚園教育要領や幼保連携型認定こども園教育・保育要領の学習も必要になります。本書では、できるだけこれらの言葉を取り入れて、**乳幼児の保育・教育を正確に学生の皆さんに伝える**ことを目指しています。

4．保育所、幼稚園、幼保連携型認定こども園の保育・教育を取り上げています

　現在の就学前の保育・教育施設には保育所、幼稚園、幼保連携型認定こども園という、3つの代表的な施設があります。そしてそれぞれ保育所保育指針、幼稚園教育要領、幼保連携型認定こども園教育・保育要領という保育・教育内容の国家的基準となる内容が出されています。このテキストでは、**保育所、幼稚園、幼保連携型認定こども園の目的、内容、方法等について解説**した章を設けています。

　学生の皆さんは各章を学習することで、3つの施設の共通点・相違点について正確に理解することができます。このことが**実習や就職にも役に立ちます**。

5．こども基本法やこども家庭庁など、新しい法律やこども施策を取り上げています

　2022（令和4）年6月にこども基本法が制定され、子どもの権利を保障し、こども施策を総合的に推進することになりました。さらに2023（令和5）年4月にこども家庭庁が創設され、子どもに関する政策の司令塔としての機能を担うことになりました。このようにこども基本法やこども家庭庁、さらに児童福祉法の改正など、新しい法律やこども施策について取り上げるとともに、これからの保育所、保育士のあり方についても詳しく述べています。

　保育原理を学ぶ学生の皆さんにとって、このテキストが「保育者になろう」という夢の実現への第一歩となることを確信しています。

　　2023年12月

編著者　岡田耕一

保 育 原 理 ◇もくじ

第 **1** 章

保育について

保育とはなにか

1. 保 育

「保護と教育」の略であり、外からの保護と内からの発達を助けることを一体として保育という。

2. 保育所保育指針における保育とは

養護と教育を一体的に行うもの
- ○「養護」とは、子どもの生命の保持および情緒の安定を図るために保育士等が行う援助や関わりである。
- ○「教育」とは、子どもが健やかに成長し、その活動がより豊かに展開されるための発達の援助である。

3. 児童福祉法第1条「児童福祉の理念」

全て児童は、児童の権利に関する条約の精神にのっとり、適切に養育されること、その生活を保障されること、愛され、保護されること、その心身の健やかな成長及び発達並びにその自立が図られることその他の福祉を等しく保障される権利を有する。

4. 保育所と保育士の社会的役割と責任

- ○子どもの人権と人格の尊重
- ○地域社会との交流と保護者への説明責任
- ○個人情報の適切な取り扱いと苦情の解決

1 保育の理念

（1）歴史的な視点から「保育」を考える

　一般に**幼稚園は教育を、保育所は保育を、そして幼保連携型認定こども園は教育と保育**を行うとされています。「保育」という言葉は、**1876（明治9）年にわが国最初の幼稚園である東京女子師範学校附属幼稚園規則**の中で使用されました。これ以後は、幼児教育においては、保育が用いられています。

　さらに**1947（昭和22）年に制定された学校教育法**でも、幼稚園は幼児を保育することが目的であると記されています。学校教育法を起草した坂本彦太郎（1904〜1995）によると、保育とは「**保護と教育**」の略であり、外からの保護と内からの発達を助けることを一体と考えて保育としたと述べられています。

　保育所については、**1947年に制定された児童福祉法**において、「保育所は、日々保護者の委託を受けて、保育に欠けるその乳児又は幼児を保育することを目的とする」（第39条）と記されており、保育は「**養護**」と「**教育**」を一体的に行うものであることが明言されています。

　幼稚園の保育も保育所の保育もほぼ同じ意味であり、幼い子どもの生命と身体を守りながら、子どもの内なる可能性を信じ、育てていく（培う）ことが保育と言えます。

（2）保育所保育指針における「保育」とは

　2017（平成29）年に改定された保育所保育指針「第2章　保育の内容」において、保育における「養護」と「教育」を次のように説明しています。

> 　保育における「養護」とは、子どもの生命の保持及び情緒の安定を図るために保育士等が行う援助や関わりであり、「教育」とは、子どもが健やかに成長し、その活動がより豊かに展開されるための発達の援助である。

　一言で言うと、**養護とは子どもの生命の保持および情緒の安定を図ること**であり、**教育とは発達の援助**と言えます。保育所には0歳からの子どもが生活をしていますが、幼ければ幼いほど、保育士が生命の保持や情緒の安定を図ることが大

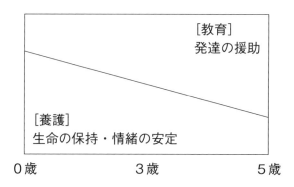

切です。しかしながら、保育士に守られながら、子どもは次第に成長・発達し、主体的に、意欲的に活動をすることができるようになり、教育が重要性を増していきます。子どもの発達を踏まえて養護と教育の関係を図式化すると、上のようになります。

　幼稚園では満3歳からの子どもが生活をしていますが、3歳以上になると主体的、意欲的に活動できるようになり、教育が大きな部分を占めるようになります。したがって、一般に幼稚園では教育を行うと言われています。しかしながら、幼稚園においても、保育者の養護的な関わりが必要です。

2 　子どものための保育（子どもの最善の利益と保育）

　保育所保育指針「第1章　総則」において、保育所の目的について次のように示されています。

　　保育所は、児童福祉法第39条の規定に基づき、保育を必要とする子どもの保育を行い、その健全な心身の発達を図ることを目的とする児童福祉施設であり、入所する子どもの最善の利益を考慮し、その福祉を積極的に増進することに最もふさわしい生活の場でなければならない。

　目的とともに「子どもの最善の利益」を考慮しなければならないとされています。最善の利益は、1989年に国際連合が採択し、1994年に日本政府が批准した

「児童の権利に関する条約」の第3条第1項に定められています。子どもの権利を象徴する言葉として国際社会等でも広く浸透しており、保護者を含む大人の利益が優先されることへの牽制や、子どもの人権を尊重することの重要性を表しています。

　こうした子どもの権利を主体として位置づける児童福祉の理念が**児童福祉法第1条**で明確に記されています。

◇ 児童福祉法第1条

　　全て児童は、児童の権利に関する条約の精神にのっとり、適切に養育されること、その生活を保障されること、愛され、保護されること、その心身の健やかな成長及び発達並びにその自立が図られることその他の福祉を等しく保障される権利を有する。

　保育所は、この理念のもとに、入所する子どもの福祉を積極的に増進することに「最もふさわしい生活の場」であることが求められています。

　ある保育所では、児童福祉法第1条を踏まえて、子どもの権利について、次のように明言しています。

◇ 子どもの権利を守るとは
　　1. 保育所は、子どもにとって一番いい場所である
　　2. 保育士は、子どもにとって一番いい人である
　　3. 保育所の保育は、子どもにとって一番いい活動である
　これらが達成できている状態のこと。

　言うまでもなく、子どもにとって一番いい場所は家庭であり、一番いい人は自分の親であり、家庭での育児が一番いい活動です。しかしながら、家庭の事情により、昼間は保育所で生活をする子どもたちがいます。この子どもたちにとって、まさに保育所が「**二番目のお家**」であり、保育士は親に代わる存在であり、保育所での生活をしている時間が大事な成長の時間であります。

　子どもはさまざまな家庭環境を抱えて保育所にやってきます。現在は、非正規雇用の広がり、ひとり親家庭の増加、貧困家庭、虐待等、子どもの環境をめぐるさまざまな問題が家庭における育児に好ましくない影響を与えています。どんな

家庭環境にあっても、保育士は、保護者への支援のもとに、子どもが保育所にいる時間は**安心して楽しい時間を過ごす**ことができるように努めています。

　また、保育所が幼稚園と大きく異なるのは、保育所では０歳、１歳、２歳の小さな子どもたちが育つ場であることです。この子どもたちは生まれた月による成長の個人差が大きく、一人ひとりに合った保育内容と発達の細かな記録が求められます。さらに、体調の急変や感染症も多いため、保育にあたっては、知識に裏づけられた経験が求められます。

　以上のように、保育所においては、一人ひとりの子どもの「最善の利益」を目指して保育を行っているのです。

3　保育所と保育士の社会的役割と責任

　保育所は、地域において**最も身近な児童福祉施設**です。保育所の保育の知識、経験、技術を生かしながら、子育て家庭や地域社会に対してその役割を果たしていくことは、保育所の社会的使命と言えます。

　保育所保育指針では、保育所と保育士等がとくに守らなければならない事項を「社会的責任」として規定しています。それは①**子どもの人権と人格の尊重**、②**地域社会との交流と保護者への説明責任**、③**個人情報の適切な取り扱いと保護者の苦情への解決**の３つの事項です。

（１）子どもの人権と人格の尊重

　保育所保育指針では、保育所の社会的責任の一つ目として、次のように示しています。

　　　保育所は、子どもの人権に十分配慮するとともに、子ども一人一人の人格を尊重して保育を行わなければならない。

　保育所にはさまざまな家庭環境の子どもが入所しており、国籍や文化の違う子どももいます。憲法、児童福祉法、児童憲章、児童の権利に関する条約などで子どもの人権を尊重することの大切さが指摘されており、保育者は子どもの**人権を尊重する**保育をしなければなりません。また、子どもに対して身体的、精神的苦

痛を与えることのないように、**人格を尊重する**ことも大切です。

　さらに保育所保育指針では、「人間関係」の保育目標として次のように示されています。

　　　人との関わりの中で、人に対する愛情と信頼感、そして人権を大切にする心を育てるとともに、自主、自立及び協調の態度を養い、道徳性の芽生えを培うこと。

　保育者が子どもの人権や人格を尊重するとともに、子ども同士が互いに人権や人格を尊重し合う心を育てることも大切です。

（２）地域社会との交流と保護者への説明責任

　保育所保育指針では、保育所の社会的責任の２つ目として、次のように示しています。

　　　保育所は、地域社会との交流や連携を図り、保護者や地域社会に、当該保育所が行う保育の内容を適切に説明するよう努めなければならない。

①地域社会との交流

　保育所は、地域に開かれた社会資源として、地域のさまざまな人や場、機関などと連携していくことが大切です。保育所ならではの、地域の実情に応じたさまざまな保育事業を実施することが求められています。

　ある保育所では、次のような地域社会との交流を大切にしています。

　　　○ほかの保育所　○小中学校　○病院　○地域子育て支援センター
　　　○保健福祉センター　○療育センター　○児童相談所
　　　○民生委員・児童委員会　○地域の人たち

　例えば、小学校との交流では、保育所の子どもと小学生との交流、保育士と小学校教員との交流を通じて、就学前教育と小学校教育との滑らかで確実な接続を図ることができます。

　地域の人たちとの交流では、例えば夕涼み会に地域の方や親子を招いてみんな

で楽しい時間を過ごしたり、地域のお年寄りを保育所にお招きして、子どもに昔の遊びを教えていただきながらお年寄りとの交流の機会とすることができます。

②保護者への説明責任

　児童福祉法第48条の４において保育所の**情報提供**が努力義務として規定されています。保育所は、保育の内容についての情報を保護者や地域社会に開示し、保護者が保育所への理解を深めるとともに、保育所を円滑に利用できるようにすることが重要です。

　幼い子どもを長時間保育所に預ける保護者にとって、子どもが保育所でどのように過ごしているかとても気になるものであり、そして家庭ではどのように配慮すべきかの情報を求めています。そのような保護者に、日常的に**細やかな情報発信**を行うことで、保護者の不安を取り除き、保育所と保護者が一体となった保育が実現できます。

　ある保育所では、次のような保護者への情報発信をしています。

◇ 保育所の家庭への保育所情報発信
　　○保護者全員へ：園だより　保健だより　給食だより　掲示板
　　○個別的な対応：連絡帳　電話・FAX　対面の対応

（３）個人情報の適切な取り扱いと苦情の解決

　保育所保育指針では、保育所の社会的責任の３つ目として、次のように示しています。

　　　保育所は、入所する子ども等の個人情報を適切に取り扱うとともに、保護者の苦情などに対し、その解決を図るよう努めなければならない。

①個人情報の適切な取り扱い

　児童福祉法第18条の22では、**保育士の守秘義務**について次のように示されています。

　　　保育士は、正当な理由がなく、その業務に関して知り得た人の秘密を漏らしてはならない。保育士でなくなった後においても、同様とする。

保育士は、保育に当たり知り得た子どもや保護者の情報を、正当な理由なく漏らしてはいけません。このような**守秘義務を実習生である皆さんもぜひ、守ってください**。ただし、児童虐待の防止等に関する法律第6条では、次のように示されています。

　　　児童虐待を受けたと思われる児童を発見した者は、速やかに、これを市町村、都道府県の設置する福祉事務所若しくは児童相談所又は児童委員を介して市町村、都道府県の設置する福祉事務所若しくは児童相談所に通告しなければならない。

　保育士が児童虐待を受けていると思われる子どもを発見した場合は、守秘義務よりも福祉事務所や児童相談所等への通告義務が優先されます。

②苦情の解決
　保育所は、保育を必要とする子どもの保育を行うとともに、保護者の育児と仕事の両立を援助する役割を担っています。そのために保護者の保育所へのさまざまな要望を受け入れることは大切ですが、ときには**保護者の苦情に対処する**場合もあります。
　保育所保育指針解説では、苦情解決について次のように示されています。

　　　保育所が、苦情解決責任者である施設長の下に、苦情解決担当者を決め、苦情受付から解決までの手続きを明確化し、その内容や一連の経過と結果について書面で記録を残すなど、苦情に対応するための体制を整備することが必要である。

　各保育所において、苦情解決のための体制を作り、苦情に対処する必要があります。しかしながら、苦情は**保護者からの問題提起**としてとらえ、解決を通じて、自らの保育や保護者への対応を謙虚に振り返る機会としながら、保護者

との相互理解を図り、信頼関係を築いていくことが大切です。

☑ 学びのふりかえり

（1）「保育」という言葉について説明しなさい。

（2）児童福祉法第1条の空欄にあてはまる言葉を書きなさい。

　　全て児童は、（　①　）の精神にのっとり、適切に（　②　）されること、その生活を保障されること、（　③　）、保護されること、その（　④　）の健やかな成長及び発達並びにその自立が図られることその他の（　⑤　）を等しく保障される権利を有する。

（3）保育所と保育士の社会的役割と責任を3つ述べなさい。

［参考文献］
厚生労働省『保育所保育指針解説』フレーベル館，2018年
谷田貝公昭・中野由美子編『保育原理』一藝社，2015年
大豆生田啓友・三谷大紀編『最新保育資料集　2018』ミネルヴァ書房，2018年

第2章

子どもと保育に関する法令

この章で学ぶこと

子ども家庭福祉と保育の関係法令

1．子どもの家庭福祉に関連する法令

日本国憲法　　児童憲章　　児童に関する権利条約　　社会福祉法

児童福祉法　　児童福祉施設の設備及び運営に関する基準

保育所保育指針　　保育所保育指針解説　　全国保育士会倫理綱領

2．児童福祉法

第1条［児童福祉の理念］

全て児童は、児童の権利に関する条約の精神にのつとり、適切に養育されること、その生活を保障されること、愛され、保護されること、その心身の健やかな成長及び発達並びにその自立が図られることその他の福祉を等しく保障される権利を有する。

第39条［保育所］

保育所は、保育を必要とする乳児・幼児を日々保護者の下から通わせて保育を行うことを目的とする施設とする。

3．子ども・子育て支援新制度のポイント

（1）施 設 型 給 付：認定こども園　　幼稚園　　保育所（20名以上）

（2）地域型保育給付：小規模保育（6～19名）　　家庭的保育（1～5名）

　　　　　　　　　　居宅訪問型保育　　事業所内保育

4．こども基本法とこども家庭庁

○こども基本法（2022年）

　　すべての子どもの権利が守られ、子どもが幸福な生活を送ることができる社会を実現することを目指して、基本的な理念や国の責務を明確にし、子ども施策を進めることを目的としている。

○こども家庭庁（2023年）

　　これまでさまざまな府省が別々に担ってきた子ども施策がこども家庭庁に一本化され、こども家庭庁は子どもに関する政策の司令塔となっている。

1 子ども家庭福祉における保育と関係法令

　保育所は公的な施設ですから、保育所および保育に関連する法令があり、とくに重要な法令は以下の通りです。

①日本国憲法

　日本の現行憲法であり、どの法令も憲法にのっとって定められている（1946〔昭和21〕年）。

②児童の権利に関する条約

　世界の多くの児童が、なお、飢え、貧困等の困難な状況に置かれている状況にかんがみ、世界的な観点から児童の人権の尊重、保護の促進を目指したものである（1989年。日本は1994〔平成6〕年に批准）。

③こども基本法

　憲法や児童の権利に関する条約の精神に基づいて、すべての子どもの権利が守られ、子どもが幸福な生活を送ることができる社会を実現することを目指して、基本的な理念や国の責務を明瞭にし、子ども施策を進めていく（2022〔令和4〕年）。

④児童福祉法

　児童の心身の健全な成長、生活の保障、愛護を理念として、その目的達成のために必要な諸制度を定めた法律（1947〔昭和22〕年）。

⑤児童福祉施設の設備及び運営に関する基準

　児童福祉法第45条の規定に基づき、厚生労働省が定めた児童福祉施設を設置するのに必要な最低の基準である（1948〔昭和23〕年）。

⑥保育所保育指針

　保育所における保育の内容に関する事項およびこれに関連する運営に関する事項を定めたものである（1965〔昭和40〕年）。

⑦保育所保育指針解説

　保育所保育指針の記載事項の解説や補足説明、保育を行う上での留意点、取り組みの参考となる関連事項を示したものである。

※法令とは言えないが、保育所保育の具体的な内容が示されている。

⑧全国保育士会倫理綱領

　専門職である保育士の倫理観の具体的な内容について定めたものである（2003〔平成15〕年）。

　このように、それぞれの法令において、子どものこと、子どもの福祉、保育所の保育について明確に定められています。そこで、それぞれの法令の中で、学生の皆さんがぜひ、読んでほしい内容を掲げます。

　日本国憲法は国の最高法規であり、**第25条に社会福祉**について規定しています。**児童福祉は社会福祉の一分野**です。また、第26条において、国民の教育を受ける権利を規定しています。

◇ 日本国憲法

　　第25条　すべて国民は、健康で文化的な最低限度の生活を営む権利を有する。
　　　2　国は、すべての生活部面について、社会福祉、社会保障及び公衆衛生の向上及び増進に努めなければならない。
　　第26条　すべて国民は、法律の定めるところにより、その能力に応じて、ひとしく教育を受ける権利を有する。
　　　2　すべて国民は、法律の定めるところにより、その保護する子女に普通教育を受けさせる義務を負ふ。義務教育は、これを無償とする。

　児童の権利に関する条約は、1989年に国際連合で、**18歳未満の児童の権利について定めた国際条約**です。前文と54条からなり、児童に意見表明権や思想の自由など幅広い権利を認めています。生命・生存への権利、親・家族に関わる子どもの権利、意見表明権、市民権利、特別な状況下にある子どもの保護、教育への権利、文化への権利などが示され、貧富を問わず、すべての国の子どもの保護と取り扱いの重要な判断の基準になるものです。子どもに対する認識を、保護の対象から**権利行使の主体**へと転換させた点が大きな特徴です。

わが国はこの条約を**1994年に批准**しました。政府はこの条約の具体化のため、1997（平成9）年の児童福祉法改正をはじめ、法整備をすすめてきました。

◇ 児童の権利に関する条約（目次　抜粋）

1　　　内容
1.1　児童の利益最優先（第3条）
1.2　氏名及び国籍の権利、自分の親を知る権利、父母から養育される権利（第7条）
1.3　父母からの分離の防止（第9条）
1.4　意見を表す権利（第12条）
1.5　父母の責任と父母への支援（第18条）
1.6　その他

児童福祉法第1条に、児童福祉の理念が示されています。この児童福祉の理念を踏まえて、児童福祉法には、地域の児童や保護者が、活用できる資源として**児童福祉施設**が規定されています。児童福祉施設は以下のように12の施設があります。児童福祉施設には、家庭で生活しながら通所する施設もあれば、児童や母子家庭が入所して生活する施設もあります。**保育所は児童福祉施設の一つですが**、2016（平成28）年現在、保育所は2万6265施設あり、全児童福祉施設の約70%を占めています。

◇ 児童福祉法

○第1条
全て児童は、児童の権利に関する条約の精神にのつとり、適切に養育されること、その生活を保障されること、愛され、保護されること、その心身の健やかな成長及び発達並びにその自立が図られることその他の福祉を等しく保障される権利を有する。

◇ 児童福祉施設の種類

助産施設　　乳児院　　母子生活支援施設　　保育所
幼保連携型認定こども園　　児童厚生施設　　児童養護施設

障害児入所施設　　児童発達支援センター　　児童心理治療施設
児童自立支援施設　　児童家庭支援センター

児童福祉法第39条に保育所の目的が示されています。

◇ 児童福祉法第39条

　　保育所は、保育を必要とする乳児・幼児を日々保護者の下から通わせて保育を行うことを目的とする施設とする。

　さらに**児童福祉施設の設備及び運営に関する基準**の第35条において、保育の内容について規定されています。

◇ 児童福祉施設の設備及び運営に関する基準　第35条

　　保育所における保育は、養護及び教育を一体的に行うことをその特性とし、その内容については、厚生労働大臣が定める指針に従う。

　この規程に基づいて、保育所の保育の内容と運営について規定されたものが保育所保育指針です。

◇ 保育所保育指針

　　この指針は、児童福祉施設の設備及び運営に関する基準第35条の規定に基づき、保育所における保育の内容に関する事項及びこれに関連する運営に関する事項を定めるものである。

　保育士は、その言動が子どもや保護者に大きな影響を与える存在ですから、高い倫理観が求められます。全国保育士会が「全国保育士会倫理綱領」を定めています。この倫理綱領は法令ではありませんが、保育士に求められる子ども観や保育士の使命と役割等、**保育士の職務における行動の指針**が示されています。

　　私たちは、子どもの育ちを支えます。私たちは、保護者の子育てを支えます。私たちは、子どもと子育てにやさしい社会をつくります。

2 子ども・子育て支援新制度

（1）子ども・子育て支援新制度創設の背景と趣旨

①子ども・子育て支援新制度の誕生

　2012（平成24）年、国会において、子ども・子育て支援の新たな制度として「子ども・子育て関連三法」が成立しました。関連三法とは、以下の3つの法律です。

　　　○子ども・子育て支援法
　　　○認定こども園法の一部改正法
　　　○児童福祉法の一部改正等関係法律の整備法

　この子ども・子育て関連三法に基づく新しい制度が子ども・子育て支援新制度です。子ども・子育て支援新制度では、「保護者が子どもについての第一義的責任を有する」という基本的認識のもとに、**幼児期の学校教育・保育、地域の子ども・子育て支援を総合的に推進する**ものであり、2015（平成27）年4月より施行されました。

②子ども・子育て支援新制度の創設の背景・趣旨

　近年、子育てをめぐる地域や家庭の状況が変化し、核家族化の進展や地域のつながりの希薄化から、日々の子育てに対する助言、支援や協力を得ることが困難な状況となっています。そして兄弟姉妹の減少から、乳幼児と触れ合う経験が乏しいまま親になることも増えています。また、地域社会の変化によって、地域で人々に見守られながら群れて遊ぶという自生的な育ちが困難になっています。

　このように子どもや子育て家庭の置かれた状況や地域の実情を踏まえ、**国や地域をあげて子ども・子育てへの支援を強化する**必要性が生じました。

（2）子ども・子育て支援新制度のポイント

①施設型給付と地域型保育給付の創設

　幼児期の学校教育・保育、地域の子ども・子育て支援を総合的に推進するために、**施設型給付と地域型保育給付とよばれる2つの給付制度を創設**しました。

　「給付」という言葉には「サービス」という意味が込められており、子どもと保護者に子ども・子育て支援のための多様なサービスを提供することになっています。

　どちらも多様な施設があり、施設を利用する場合は、市町村から利用のための認定を受ける必要があります。

　［施設型給付］
○認定こども園（0歳〜5歳）
　　幼保連携型　　　幼稚園型　　　　保育所型　　　　地方裁量型
○幼稚園（3歳〜5歳）
○保育所（0歳〜5歳）
　［地域型保育給付］
○小規模保育　　○家庭的保育　　○居宅訪問型保育　　○事業所内保育

1）施設型給付

　施設型給付には認定こども園、幼稚園、保育所があります。幼稚園、保育所は従来からの保育施設ですが、今回の施設型給付では地域の実情に応じて認定こども園の普及を図っています。

　認定こども園は教育・保育を一体的に行う施設で、幼稚園と保育所の両方の良さを併せ持っている施設であり、次のような機能を持っています。

　　○就学前の子どもを、保護者が働いている、いないにかかわらず受け入れて、
　　　教育及び保育を一体的に行う機能
　　○子育て相談や親子の集いの場の提供など、**地域における子育て支援の機能**

認定こども園には以下の４つの類型があります。

幼保連携型 幼稚園的機能と保育所的機能の両方の機能を併せ持つ単一の施設として、認定こども園の機能を果たすタイプ	幼稚園型 幼稚園が、保育を必要とする子どものための保育時間を確保するなど、**保育所的な機能を備えて**認定こども園の機能を果たすタイプ
保育所型 認可保育所が、保育を必要とする子ども以外の子どもを受け入れるなど、**幼稚園的な機能を備える**ことで認定こども園の機能を果たすタイプ	地方裁量型 認可保育所以外の保育機能施設等が、保育を必要とする子ども以外の子どもも受け入れるなど**幼稚園的な機能を備える**ことで認定こども園の機能を果たすタイプ

２）地域型保育給付

　子ども・子育て支援新制度では、教育・保育施設を対象とする施設型給付に加え、次のような保育を市町村による認可事業（地域型保育事業）として児童福祉法に位置づけた上で、地域型保育給付の対象とし、利用者が選択できることになっています。

　地位型保育給付の中でも、最近は**小規模保育施設が増加**しています。都市部においては、小規模保育を増やすことにより、待機児童の解消を図ることを目指しています。また、人口減少地域では、小規模保育により地域の子育て支援機能を維持・確保することを目指しています。

地域型保育の４つのタイプ

小規模保育	**少人数（定員６〜19人）を対象**に、家庭的保育に近い雰囲気のもとで、きめ細かい保育を行う
家庭的保育（保育ママ）	家庭的な雰囲気のもとで、**少人数（定員５人以下）を対象**にきめ細かな保育を行う
事業所内保育	会社の事業所の保育施設などで、従業員の子どもと地域の子どもを一緒に保育する
居宅訪問型保育	障害・疾患などで個別のケアが必要な場合や、施設がなくなった地域で保育を維持する必要がある場合などに、保護者の自宅で１対１で保育を行う

②地域子ども・子育て支援事業の創設

すべての子育て家庭を対象に、地域のニーズに応じたさまざまな子育て支援を行っており、以下のように11の支援事業があります。

○すべての家庭を対象

・利用者支援事業　　・地域子育て拠点事業　　・一時預かり

・ファミリー・サポート・センター事業　　・子育て短期支援事業

○主に共働き家庭を対象

・延長保育　　・病児保育　　・放課後児童クラブ

○妊娠期から出産後までを支援

・妊婦健診　　・乳児家庭全戸訪問事業　　・養育支援訪問事業

3 こども基本法とこども家庭庁

（1）現在の子ども・子育てをめぐる問題

現在の子ども・子育てをめぐっては、さまざまな問題があります。例えば、**深刻な少子化、児童虐待、いじめ、貧困、親の子育て負担の増加といった問題**です。

年ごとに少子化が進み、国の予測を上回る速度で出生数は減少し続けています。少子化の進行は今後の社会のあり方に大きな影響を与えるものです。

親が子育ての不安や孤立感を抱くことにより、そのストレスが虐待につながっています。また、子ども同士のいじめについては、最近はネットによる誹謗中傷、いわゆるネットいじめも増加しており、複雑化・深刻化しています。

先進国の中で、日本は決して裕福な国ではなくなっています。経済的な困窮に陥っている家庭が増えており、子どもに十分な教育を与えられない状況にあります。

現在の核家族の親は周りとの付き合いが希薄になっており、親だけで子どもを育てることにより、親の子育て負担が増加しています。

以上のような諸問題に対して、さまざまな方面からの施策がなされていますが、**十分な成果が得られていない状況**です。

（2）児童の権利に関する条約

　児童の権利に関する条約は1989年に国際連合の総会で採択されました。これは、18歳未満の児童の権利について定めた条約です。

　日本は1994（平成6）年にこれを批准しています。批准とは国が条約を承認することです。そして批准したということは、条約の内容に沿って国の方針を定めるということです。なお、法的な位置づけとしては、児童の権利に関する条約は日本国憲法に次ぐものであります。

　児童の権利に関する条約を批准した後も、日本は子どもの権利を明記した法律を新しく作ることはしませんでした。なぜなら、今ある法律で子どもの権利が守られているという考えであったからです。例えば、子どもに関する法律には、次のようなものがあります。

○子ども・若者育成支援推進法　○児童福祉法　○成育基本法
○児童虐待防止法　○教育基本法　○少年法など

　さらには、法律ではありませんが、保育所保育指針、幼稚園教育要領、幼保連携型認定こども園教育・保育要領などには、子どもの最善の利益をベースにした保育・教育の内容が示されています。

　このように子どもの権利について関連する法律はいろいろありますが、子どもの権利が明確に示されている基本的な法律はありませんでした。

（3）こども基本法の制定

　子どもをめぐる問題を抜本的に解決し、子どもの幸福の実現のために養育、保育、教育、保健、医療、福祉などさまざまな分野にわたって子どもの権利施策を幅広く、整合性をもって実施するための基本原理が定められる必要があります。その結果、憲法や児童の権利に関する条約で認められている子どもの権利を包括的に保障するための「基本法」としての法律が必要となり、こども基本法が誕生しました。

　こども基本法は2022（令和4）年6月15日に制定され、2023（令和5）年4月1日に施行されました。

①こども基本法の目的

　こども基本法の目的は、第1条に示されています。

◇こども基本法　第1条（目的）～～～～～～～～～～～～～～～～～～～～～～

　　　この法律は、**日本国憲法及び児童の権利に関する条約の精神にのっとり、**次代の社会を担う全てのこどもが、生涯にわたる人格形成の基礎を築き、自立した個人としてひとしく健やかに成長することができ、心身の状況、置かれている環境等にかかわらず、**その権利の擁護が図られ、**将来にわたって**幸福な生活を送ることができる社会の実現**を目指して、社会全体としてこども施策に取り組むことができるよう、**こども施策に関し、基本理念を定め、**国の責務等を明らかにし、及びこども施策の基本となる事項を定めるとともに、こども政策推進会議を設置すること等により、**こども施策を総合的に推進する**ことを目的とする。

　こども基本法の目的をわかりやすく言うと、憲法や児童の権利に関する条約の精神に基づいて、**すべての子どもの権利が守られ、子どもが幸福な生活を送ることができる社会を実現する**ことを目指して、**基本的な理念や国の責務を明確にし、子ども施策を進めていく**ことです。

　すべての子どもや若者が将来にわたって幸せな生活ができる社会を実現するため、こども基本法がつくられました。そのためにこども施策の基本理念などを明確にし、国や都道府県、市区町村など社会全体で子どもや若者に関する取り組みとしての「こども施策」を進めていきます。これからは、国や都道府県、市区町村が、こども基本法の内容にそって、子どもや若者に関する取り組みを行っていきます。

②「こども施策」とは

　こども施策とは子どもや若者に関する取り組みのことであり、こども基本法第2条（定義）で示されています。

◇こども基本法　第2条（定義）～～～～～～～～～～～～～～～～～～～～～～

　　　この法律において「こども」とは、心身の発達の過程にある者をいう。

2　この法律において「こども施策」とは、次に掲げる施策その他のこども
　に関する施策及びこれと一体的に講ずべき施策をいう。
　一　新生児期、乳幼児期、学童期及び思春期の各段階を経て、おとなにな
　　るまでの心身の発達の過程を通じて切れ目なく行われるこどもの健やか
　　な成長に対する支援
　二　子育てに伴う喜びを実感できる社会の実現に資するため、就労、結婚、
　　妊娠、出産、育児等の各段階に応じて行われる支援
　三　家庭における養育環境その他のこどもの養育環境の整備

　こども基本法における子どもとは「心身の発達の過程にある者」と示されてい
ます。こども基本法では、18歳や20歳といった年齢で必要なサポートがとぎれな
いよう、**心と身体の発達の過程にある人を「こども」**としています。
　条文を読むとさまざまな取り組みがなされていることがわかります。
　新生児期、乳幼児期、学童期、思春期の段階を経て、大人になるまで**切れ目な
く行われる成長に対する支援**をします。同時に**それぞれの段階の子どもの課題の
対応にも取り組みます**。例えば、いじめ対策や居場所づくりなどです。
　子育てに伴う喜びを実感できる社会を目指し、**結婚、妊娠、育児等段階に応じ
て行われる支援**をします。例えば、働きながら子育てしやすい環境づくり、育児
に悩む親のための相談窓口の設置などです。
　家庭の養育環境やその他の養育環境の整備をします。例えば、教育施策として
国民全体の教育の振興、医療施策として小児医療を含む医療の確保・提供、雇用
施策として雇用環境の整備や若者の社会参画支援・就労支援などです。
　以上のようにこども施策がさまざまな分野により総合的になされることが必要
です。

（4）こども家庭庁

　こども基本法の制定・施行に伴い、**こども家庭庁が2023（令和5）年4月1日
に創設**されました。こども家庭庁の創設により、これまでさまざまな府省が別々
に担ってきたこども政策がこども家庭庁に一本化され、こども**家庭庁は子どもに
関する政策の司令塔**となっています。
　こども家庭庁は以下の通り、3つの部門に分かれて子どもに関する政策を企
画・実施しています。

◇ こども家庭庁

[企画立案・総合調整部門]
- ・こどもや若者の意見を聴いた上でのこどもの政策全体の企画立案
- ・地方自治体や民間団体との協力　　　など

[成育部門]
- ・妊娠・出産の支援や母親と小さなこどもの健康の支援
- ・保育所や幼稚園など小学校に入学する前のこどもの育ち
- ・小中高生の居場所づくりや放課後児童クラブ
- ・こどもの安全（性的被害や事故の防止）　　　など

[支援部門]
- ・こどもの虐待防止やヤングケアラー（家族にケアが必要な人がいるため、家事や家族の世話などを行っているこども）などの支援
- ・血のつながった家族以外と暮らしているこどもの生活の充実や大人になって社会に出ていくための支援
- ・こどもの貧困やひとり親家族の支援
- ・障害のあるこどもの支援　　　など

☑ 学びのふりかえり

（1）次の日本国憲法の条文の空欄に当てはまる言葉を書きなさい。

　すべて国民は、健康で（　①　）な最低限度の生活を営む権利を有する。
　②　国は、すべての生活部面について、（　②　）、社会保障及び公衆衛生の向上及び増進に努めなければならない。

（2）次の児童福祉法第1条の空欄に当てはまる言葉を書きなさい。

　全て児童は、（　①　）の精神にのつとり、適切に（　②　）されること、その生活を保障されること、愛され、（　③　）されること、その心身の健やかな成長及び発達並びにその（　④　）が図られることその他の福祉を等しく保障される権利を有する。

（3）子ども・子育て支援新制度における施設給付型と地域型保育給付について説明しなさい。

（4）こども基本法の目的を簡潔に説明しなさい。

［参考文献］

大豆生田啓友・三谷大紀編『最新保育小六法・資料集　2023』ミネルヴァ書房，2023年

厚生労働省『保育所保育指針解説』フレーベル館，2018年

谷田貝公昭・中野由美子編『保育原理』一藝社，2015年

第3章

保育所について学ぶ

この章で学ぶこと

保育所保育の目的、内容、方法

保育所保育指針とは：保育所における保育の内容に関する事項及びこれに関連する運営
　↓　　　　　　　　に関する事項を定めたもの。

保育所の目的：保育所は、保育を必要とする子どもの保育を行い、その健全な心
　↓　　　　　　身の発達を図ることを目的とする児童福祉施設である。

保育所保育の特性：保育所における環境を通して、養護及び教育を一体的に行う。
　↓

保育所の役割：①入所する子どもを保育する。
　↓　　　　　　②入所する子どもの保護者に対する支援を行う。
　　　　　　　　③地域の子育て家庭に対する支援等を行う。

保育士の役割：倫理観に裏付けられた専門的知識、技術及び判断をもって
　↓　　　　　　①子どもを保育する。
　　　　　　　　②子どもの保護者に対する保育に関する指導を行う。
　　　　　　　　③職務を遂行するための専門性の向上に絶えず努める。

養護の理念：子どもの生命の保持及び情緒の安定を図るために保育士が行う援
　　　　　　　助や関わり。
　↓　　　　　　　　・生命の保持　⇒　４つのねらい　４つの内容
　　　　　　　　　　・情緒の安定　⇒　４つのねらい　４つの内容
　　　　　　　●養護及び教育を一体的に行う。

保育の目標：[子どもに対して] 子どもが現在を最も良く生き、望ましい未来
　　　　　　　をつくり出す力の基礎を培う。
　　　　　　　・養護の目標
　　　　　　　　十分に養護の行き届いた環境の基に、くつろいだ雰囲気の中
　│　　　　　　　で子どもの様々な欲求を満たし、生命の保持及び情緒の安定
　│　　　　　　　を図ること。
　│　　　　　・教育の目標
　│　　　　　　健康・人間関係・環境・言葉・表現
　↓　　　　　[保護者に対して] 保育所は、入所する子どもの保護者に対し、
　　　　　　　その意向を受け止め、子どもと保護者の安定した関係に配慮し、
　　　　　　　保育所の特性や保育士等の専門性を生かして、その援助に当たら
　　　　　　　なければならない。

| 幼児教育を行う施設として共有すべき事項 |

●育みたい資質・能力

・知識及び技能の基礎

・思考力、判断力、表現力等の基礎

・学びに向かう力、人間性等

●幼児期の終わりまでに育ってほしい姿

①健康な心と体

②自立心

③協同性

④道徳性・規範意識の芽生え

⑤社会生活との関わり

⑥思考力の芽生え

⑦自然との関わり・生命尊重

⑧数量や図形、標識や文字などへの関心・感覚

⑨言葉による伝え合い

⑩豊かな感性と表現

| 保 育 の 内 容 |：ねらいと内容で構成される。

●ねらい：保育の目標をより具体化したもの。保育を通じて育み
たい資質・能力を子どもの生活する姿からとらえたも
の。

●内　容：ねらいを達成するために

・保育士等が適切に行う事項（養護）

・子どもが環境に関わって経験する事項（教育）

①乳児保育に関わるねらい及び内容

養護＋教育［３つの発達の視点］

②１歳以上３歳未満児の保育に関わるねらい及び内容

養護＋教育［５領域］

③３歳以上児の保育に関わるねらい及び内容

養護＋教育［５領域］

1 保育所保育指針の改定——新しい保育の始まり

　2017（平成29）年3月に保育所保育指針が改定され、2018（平成30）年4月より施行されることになり、新しい保育所保育が始まりました。保育所保育指針が厚生省（現、厚生労働省）から**初めて刊行されたのは1965（昭和40）年**であり、その後1990（平成2）年、1999（平成11）年、2008（平成20）年に改定されました。今回は**4回目の改定**です。

　今回の改定の背景として以下の3点をあげることができます。第1に、「量」と「質」の両面から子どもの育ちと子育てを社会全体で支える「**子ども・子育て支援新制度**」の施行（平成27年4月）です。第2に、0歳児から2歳児を中心とした**保育所利用児童数の増加**です。第3に、子育て世帯における**子育ての負担や孤立感の高まり、児童虐待相談件数の増加**です。その結果、保育所に期待される**役割が深化・拡大**され、質の高い養護や教育の機能、さらに**子どもの保育**とともに**保護者に対する支援**を担う役割が求められるようになりました。

　今回の保育所保育指針では、保育所ならではの改定とともに、幼稚園や幼保連携型認定こども園と共通の改定（改訂）も伴っています。

2 保育所保育指針とはなにか

　保育所保育指針「第1章　総則」の冒頭で、保育所保育指針について次のように示されています。

> 　この指針は、児童福祉施設の設備及び運営に関する基準（昭和23年厚生省令第63号。以下「設備運営基準」という。）第35条の規定に基づき、**保育所における保育の内容に関する事項及びこれに関連する運営に関する事項を定めるものである**。各保育所は、この指針において規定される保育の内容に係る基本原則に関する事項等を踏まえ、各保育所の実情に応じて**創意工夫を図り、保育所の機能及び質の向上に努めなければならない**。

　この説明から明らかなように、**保育所保育指針とは、保育所の「保育の内容に関する事項」と保育内容に関連した「保育所運営に関する事項」を定めたもの**で

す。そして保育所保育指針は厚生労働大臣が定める告示であり、すべての保育所が保育所保育指針にしたがった保育をしなければなりません。

　さらに保育所保育指針は「**保育の内容の基本原則**」を示しており、各保育所がこの基本原則を守りながら、実情を踏まえて**創意工夫を図り**保育することが求められています。したがって、各保育所は入所する子どもに、**一定の水準の保育を保障**し、さらにそれぞれの保育所ごとに**特色のある保育を保障**することができるのです。

3 保育所の目的と役割

　保育所保育指針「第1章　総則　1　保育所保育に関する基本原則　（1）保育所の役割」では、保育所の役割について明確に示されており、それをまとめたのが次の表です。

保育所の役割

保育所の目的	保育所は、**保育を必要とする子どもの保育を行い**、その**健全な心身の発達を図る**ことを目的とする児童福祉施設である。
保育所保育の特性	保育所における環境を通して、**養護及び教育を一体的に行う**ことを特性としている。
保育所の役割	①入所する子どもを**保育**する。 ②入所する子どもの**保護者に対する支援**を行う。 ③**地域の子育て家庭に対する支援**等を行う。
保育士の役割	倫理観に裏付けられた専門的知識、技術及び判断をもって ①子どもを**保育**する。 ②子どもの**保護者に対する保育に関する指導**を行う。 ③職務を遂行するための**専門性の向上**に絶えず努める。

（1）保育所の目的

　「保育所の目的」で注目すべきことは、平成20年版保育所保育指針では保育所保育で対象となる子どもは「**保育に欠けるこども**」であったのに対して、平成29年版保育所保育指針では「**保育を必要とする子ども**」になったことです。今日では、保育所は保育所に通う子どもだけではなく、「**地域の子育て家庭に対する支**

援」で明らかなように、**一般家庭の子どもの保育**にも及んでいます。

さらに、保育を必要とする子どもに対して、「**健全な心身の発達を図る**」という教育的な目的を大切にしています。「**保育**」という言葉には「**養護**」と「**教育**」の両面が含まれていますが、これまでの保育所はどちらかというと「養護」面に主眼がおかれる傾向がありました。新保育所保育指針では子どもの健全な心身の発達を図ることを強調しており、保育所も幼稚園と同様に「**教育**」面での充実を目指しています。

（2）保育所に求められる3つの役割

保育所には3つの役割があります。一つ目は、言うまでもなく、**入所する子どもを保育する**ことです。

2つ目は、入所する子どもの**保護者（親）を支援する**ことです。入所児の保護者への支援は、日々の保育に深く関連して行われています。

3つ目は、**地域の子育て家庭に対する支援**です。地域の子育て家庭が孤立しないように、安心・安全に親子を温かく受け入れてくれる施設として保育所は大いに期待されています。

（3）保育士の役割

保育士の役割は、保育所に求められる役割と同様に、**子どもの保育と保護者の保育に関連する指導**です。しかしながら、ここで大切にしなければならないことは、保育士には**倫理観に裏づけられた専門的知識、技術および判断**が求められることです。

保育士はその言動が子どもや保護者に大きな影響を与える存在ですから、とくに高い倫理性が求められます。さらに平成29年版保育所保育指針では、保育士としての職務を遂行するための**専門性の向上に絶えず努める**ことが求められています。

4 保育所保育の目標

保育所保育指針「第1章　総則　1　保育所保育に関する基本原則」では、保

育所の目標について、次のように示されています。

◇ 保育所保育の目標

●保育の目的

保育所は、保育を必要とする子どもの保育を行い、その健全な心身の発達を図ることを目的とする児童福祉施設である。

●保育の目標

[子どもに対して]

子どもが現在を最も良く生き、望ましい未来をつくり出す力の基礎を培う。

・**養護の目標**

十分に養護の行き届いた環境の基に、くつろいだ雰囲気の中で子どもの様々な欲求を満たし、生命の保持及び情緒の安定を図ること。

・**教育の目標**

健　　康　健康、安全など生活に必要な基本的な習慣や態度を養い、心身の健康の基礎を培うこと。

人間関係　人との関わりの中で、人に対する愛情と信頼感、そして人権を大切にする心を育てるとともに、自主、自立及び協調の態度を養い、道徳性の芽生えを培うこと。

環　　境　生命、自然及び社会の事象についての興味や関心を育て、それらに対する豊かな心情や思考力の芽生えを培うこと。

言　　葉　生活の中で、言葉への興味や関心を育て、話したり、聞いたり、相手の話を理解しようとするなど、言葉の豊かさを養うこと。

表　　現　様々な体験を通して、豊かな感性や表現力を育み、創造性の芽生えを培うこと。

[保護者に対して]

保育所は、入所する子どもの保護者に対し、その意向を受け止め、子どもと保護者の安定した関係に配慮し、保育所の特性や保育士等の専門性を生かして、その援助に当たらなければならない。

保育所の「目的」については、先に述べたように、保育を必要とする子どもの保育を行い、その健全な心身の発達を図ることです。その**目的を具体的に示したもの**が**「目標」**であり、保育所保育指針では「子どもに対する目標（保育の目標）」として、**養護の目標を１つ、教育の目標を５つ**掲げています。さらに「保

護者に対する目標」も掲げています。

　それぞれの保育所には独自の保育目標があり、保育士は自分の保育所の保育目標の達成に努めなければなりません。保育所保育指針で取り上げている保育目標は、**すべての保育所に共通する目標**であり、**保育所保育指針の保育目標を基盤にして、各保育所の保育目標がつくられています。**

（1）子どもに対する保育目標

　子どもに対する保育目標として、「**子どもが現在を最も良く生き、望ましい未来をつくり出す力の基礎を培う**」ことが最初に示されています。この保育目標は1965年に初めて保育所保育指針が刊行されて以来、変わらぬ目標であり、**普遍の価値を有する**ものです。

　そしてこの保育目標を実現するための具体的な目標が6つ示されています。最初に「養護」の目標が示されています。養護とは、一言で言えば子どもの**生命の保持および情緒の安定を図ること**です。保育所の保育は原則として1日8時間です。1日の生活時間の大半を保育所で過ごす子どもにとって大切なことは、安心、安定した気持ちで生活できることです。子どもの生命を守り、子どもの心を安定させる「**養護の目標**」は保育所ならではの目標であり、保育士はまず子どもの養護を第1に考えなければなりません。

　次に「教育」の目標が5つ示されています。これはいわゆる**5領域の目標**であり、**学校教育法第23条の目標**と似ています。しかしながら、各領域の目標を比較してみると、微妙に異なっていることがわかります。これは、0歳からの子どもを保育する保育所と、満3歳からの子どもを教育する幼稚園との違いによるものと言えます。

　ここで大切なことは、一つだけの「養護」の目標ですが、5つの「教育」の目標と同じように価値の高い目標であるということです。さらに、保育所保育の目標は「養護」と「教育」という2つの目標に分けられますが、両者は決して別々の目標ではなく、「**養護と教育を一体的に行う**」ことによって達成されるものであることを忘れてはいけません。

（2）保護者に対する目標

　保護者の援助を目標として示していることは保育所保育指針の大きな特色です。

保護者への援助は、子どもの保育と深く関連して行われるものであり、保護者の援助に当たっては、

　　　・保護者の意向を受け止めること
　　　・子どもと保護者の安定した関係に配慮すること
　　　・保育所の特性や保育士の専門性を生かすこと

に留意することが大切です。

　保育士は常に保護者の声に耳を傾け、その意向をしっかりと受け止めて対応しなければなりません。問題のある家庭、保護者が増えつつあります。保育士は保護者の問題点をとらえるまえに、保護者の気持ちやなぜそうなったのかを理解することが重要です。

　保育士が保護者を援助する際には、保育士の援助が子どもと保護者の安定した関係を保つものであるかどうかを考慮しなければなりません。保育士が親切に保護者に助言を与えたつもりでも、保護者は助言を非難ととらえ、自らの不快感をわが子にぶつけてしまったという話を聞いたことがあります。

　保育所は、**地域における最も身近な児童福祉施設**であり、子育ての知識、経験、技術を豊富に蓄積しています。保育所には、保育士をはじめとして多くの保育の専門家・関係者がおり、それぞれの職員が連携を取り合って保育に当たっています。このような保育所の特性や保育士の専門性を十分に発揮して、保護者の援助に当たることが大切です。

保育所の保育内容

保育の目的	保育を必要とする子どもの保育を行い、その健全な心身の発達を図る。
↓	
保育の目標	子どもが現在を最も良く生き（＝養護）、望ましい未来をつくり出す力の基礎を培う（＝教育）。 ●養護の目標 ●教育の目標（5領域）
↓	
養護の理念	●子どもの生命の保持及び情緒の安定を図るために保育者が行う援助や関わり。 　・生命の保持　4つのねらい　4つの内容 　・情緒の安定　4つのねらい　4つの内容 ●養護及び教育を一体的に行う。

```
┌─────────────────────────────────────────────┐
│ 幼児教育を行う施設として共有すべき事項        │
│      ●育みたい資質・能力                       │
│       ・知識及び技能の基礎                     │
│ ↓     ・思考力、判断力、表現力等の基礎         │
│       ・学びに向かう力、人間性等               │
│      ●幼児期の終わりまでに育ってほしい姿       │
│       ・10項目                                 │
│      ※幼稚園、幼保連携型認定こども園と共通     │
├──────────┬──────────────────────────────────┤
│ 保育の内容 │ ねらいと内容で構成される。         │
│      ●ねらい 保育の目標をより具体化したもの。 │
│            保育を通じて育みたい資質・能力を子どもの生活する │
│            姿からとらえたもの。               │
│ ↓    ●内　容 ねらいを達成するために           │
│            保育士等が適切に行う事項（養護）    │
│            子どもが環境に関わって経験する事項（教育）│
├─────────────────────────────────────────────┤
│ 乳児保育に関わるねらい及び内容                │
│      ●養護＋教育［３つの発達の視点］           │
│ ↓    ※幼保連携型認定こども園と共通            │
├─────────────────────────────────────────────┤
│ 1歳以上３歳未満児の保育に関わるねらい及び内容 │
│      ●養護＋教育［５領域］                     │
│ ↓    ※幼保連携型認定こども園と共通            │
├─────────────────────────────────────────────┤
│ ３歳以上児の保育に関わるねらい及び内容        │
│      ●養護＋教育［５領域］                     │
│      ※「教育」については幼稚園、幼保連携型認定こども園と共通│
└─────────────────────────────────────────────┘
```

5 保育における養護、育みたい資質・能力、幼児期の終わりまでに育ってほしい姿

　多少の重複はありますが、保育所保育指針をもとに保育の目的、目標、内容の関連性について上記の表に示しました。

（1）養護の理念――「養護」におけるねらいと内容

　すでに述べたように、「養護」とは、子どもの生命の保持および情緒の安定を図るために保育士等が行う援助や関わりです。したがって**養護は保育士等が積極的に行うべきこと**です。養護は保育士の重要な仕事であり、養護は子どもの主体

性に任せておくことではありません。

　例えば、乳児は、自分で空腹を満たすことも、衣服を着替えることも、排泄の処理をすることもできません。すべて保育士が乳児のために行わなければならないことです。さらに、5歳児であっても、保育所で一日中安定した生活をするためには、保育士が子どもの心を安定させるための働きかけが必要です。養護は、保育所の保育士ならではの仕事と言ってよいでしょう。

　保育所保育指針では、「第1章　総則　2　養護に関する基本的事項」で、保育所保育における養護の重要性について詳細に説明しています。保育所保育指針では、「生命の保持」「情緒の安定」についてそれぞれ4つのねらいと4つの内容が示されていますが、とくに「ねらい」の各項目は大変重要です。

◇ 養護の理念

　　保育における養護とは、子どもの生命の保持及び情緒の安定を図るために保育士等が行う援助や関わりであり、保育所における保育は、養護及び教育を一体的に行うことをその特性とするものである。

◇ 生命の保持のねらい
　①一人一人の子どもが、**快適に生活できるようにする。**
　②一人一人の子どもが、**健康で安全に過ごせるようにする。**
　③一人一人の子どもの**生理的欲求**が、**十分に満たされるようにする。**
　④一人一人の子どもの**健康増進**が、**積極的に図られるようにする。**

◇ 情緒の安定のねらい
　①一人一人の子どもが、**安定感をもって過ごせるようにする。**
　②一人一人の子どもが、**自分の気持ちを安心して表すことができるようにする。**
　③一人一人の子どもが、周囲から主体として受け止められ、主体として育ち、**自分を肯定する気持ちが育まれていくようにする。**
　④一人一人の子どもがくつろいで共に過ごし、**心身の疲れが癒されるようにする。**

「生命の保持」として、一人ひとりの子どもが保育所において「快適な生活」

「健康で安全に過ごす」「生理的欲求を満たす」「健康増進」が保障されなければなりません。これらは、保育士が積極的に子どものために果たさなければならない事項です。

さらに「情緒の安定」では、一人ひとりの子どもが保育所において、「安定感をもって過ごす」「自分の気持ちを安心して表す」「自分を肯定する気持ちが育まれる」「心身の疲れが癒される」ことが保障されなければなりません。

保育士はまず子どものために**「養護」を充実させ、養護を基盤として「教育」を実践していくこと**を忘れてはいけません。

ここで大切なことは、「生命の保持」のねらいと「情緒の安定」のねらいはすべて関連性を持ち、折り重なりながら一体的に展開されるべきものであるということです。例えば、食事などの生理的欲求が満たされることが健康生活、健康増進、安定感へとつながります。

（2）幼児教育を行う施設として共有すべき事項
──育みたい資質・能力

保育所保育指針の目標に示されているように、乳幼児期は、生活の中で、自発的、主体的に環境と関わりながら、「生涯にわたる人格形成」の基礎を築いていく重要な時期です。そして保育所保育では、「子どもが現在を最も良く生き、望ましい未来をつくり出す力の基礎を培う」ために、養護と教育を一体的に行う保育をすることになっています。

さらに保育所は養護と教育を一体的に行う保育を基盤としながら、**3歳以上の教育については、幼児教育を行う施設として、幼稚園や幼保連携型認定こども園と共通の教育を行う**ことになっています。具体的には保育所保育指針に示された「保育の目標」を踏まえ、次の**資質・能力を一体的に育む**ように努めることになっています。

◇ 育みたい資質・能力 ……………………………………………………
　　○豊かな体験を通じて、感じたり、気付いたり、分かったり、できるようになったりする**「知識及び技能の基礎」**
　　○気付いたことや、できるようになったことなどを使い、考えたり、試したり、工夫したり、表現したりする**「思考力、判断力、表現力等の基礎」**
　　○心情、意欲、態度が育つ中で、よりよい生活を営もうとする**「学びに向かう力、人間性等」**

「知識及び技能の基礎」というのは単に知識・技能を身につけるだけではなく、さまざまな知識・技能につながる知的な力を獲得することです。「思考力、判断力、表現力の基礎」は、「知識及び技能の基礎」として身につけた力を使って柔軟に思考したり判断したり表現したりするような応用する力のことです。さらに「学びに向かう力、人間性等」とは、このように学んだことを生活の中で活かそうとする心情や意欲や態度を示しています。

　この３つの資質・能力は、保育所保育指針「第２章　保育の内容」で、乳児保育、１歳以上３歳未満児の保育、３歳以上児の保育のそれぞれで示されている「ねらい及び内容」に基づく保育活動全体の中で一体的に育まれるものです。

　この３つの資質・能力は、主に遊びの中で育まれます。例えば子どもの砂遊びを例に考えてみましょう。

◇ 砂遊びでの資質・能力の育ち

○「知識及び技能の基礎」の育ち

　A君が砂場で遊んでいる。初めは砂に指を入れてみたり、砂をすくってみたりして、**砂の感触を楽しんでいる**。感触を楽しみながら、サラサラした砂、湿った砂があることに**気づく**。**A君なりの砂の理解**である。

○「思考力、判断力、表現力等の基礎」の育ち

　やがて、砂をカップに入れては捨ててみることを繰り返すうちに、何となくプリンのような形ができあがるのに**気づく**。A君の遊びを見ていた保育士がプリンのお手本を一つ作ってA君に見せる。保育士のプリンを見たA君は、「適度に湿った砂でプリンを作ることがいいのでは？」と**考え、試してみる**。うまくできたので、何個もプリンを作っていく。作りながら**自分の判断の正しさを確認して**いる様子である。

○「学びに向かう力、人間性等」の育ち

　できあがったプリンを何個もお盆に載せていると、それを見たB君とCちゃんがやってきて、一緒に作りたいという。A君は２人を**快く受け入れて**、プリンの作り方を**教えてあげる**。たくさんのプリンができたので、プリン屋さんごっこをすることになった。ほかの子どもたちも興味をもってやってくる。大勢で**楽しい遊びに発展していく**。

　以上の例のように、子どもが遊びの中で、夢中になって遊ぶ様子を観察すると、子どもは３つの資質・能力を発揮して活動しながら、さらに資質・能力が高まっ

て行く様子を見ることができます。

（3）幼児期の終わりまでに育ってほしい姿

　保育所保育指針では、「幼児期の終わりまでに育ってほしい姿」が示されています。これは、保育所保育指針の「ねらい」および「内容」に基づく保育活動全体を通じて**資質・能力が育まれている子どもの小学校就学時の具体的な姿**を示しています。

　全部で10項目ありますが、それぞれが以下のように5領域に分類することができます。保育所保育指針には、それぞれについて詳しく示されています。

◇ **幼児期の終わりまでに育ってほしい姿**

　　　［健康］　　○健康な心と体
　　　［人間関係］○自立心　○協同性　○道徳性・規範意識の芽生え
　　　　　　　　　○社会生活との関わり
　　　［環境］　　○思考力の芽生え　○自然との関わり・生命尊重
　　　　　　　　　○数量や図形、標識や文字などへの関心・感覚
　　　［言葉］　　○言葉による伝え合い
　　　［表現］　　○豊かな感性と表現

　この中で、例えば「道徳性・規範意識の芽生え」について考えてみましょう。保育所保育指針では、「道徳性・規範意識の芽生え」について次のように書かれています。

　　　友達と様々な体験を重ねる中で、してよいことや悪いことが分かり、自分の行動を振り返ったり、友達の気持ちに共感したりし、相手の立場に立って行動するようになる。また、きまりを守る必要性が分かり、自分の気持ちを調整し、友達と折り合いを付けながら、きまりをつくったり、守ったりするようになる。

　上記のような道徳性・規範意識の芽生えが保育所を卒園する頃に育っていることが望ましいのです。しかしながら、このような力は、5歳になって急に育つものではなく、幼稚園であれば3歳から、保育所であれば0歳からの教育の積み上

げによって育てられるものです。例えば、「自分の行動を振り返る」「きまりを守る必要性がわかる」「きまりをつくる」などがいつごろからできるようになるのか、そしてどのように育てるのかということを、保育士は子どもの発達過程を踏まえて考えていく必要があります。

 6 保育に関わるねらい及び内容

　保育所における保育は、「保育所における環境を通して、養護及び教育を一体的に行うこと」を特性としています。保育所保育指針「第2章　保育の内容」においては、保育所の保育の内容として**主に教育の視点からの「ねらい」と「内容」**が示されていますが、**養護と教育が一体となった保育を行うこと**が重要です。

　保育所では、次表に示しているように、養護と一体となって行われる教育のねらいと内容が**乳児保育、1歳以上3歳未満児の保育、3歳以上児の保育**に分けて示されています。保育所においては、**乳児期からの教育の積み上げ**を大切にしています。

0歳からの養護と教育

教育・5領域（3視点）	[3歳以上児] ・健康・人間関係・環境・言葉・表現（幼稚園・幼保連携型認定こども園と同様）	
	[1歳以上3歳未満児] ・健康・人間関係・環境・言葉・表現	
	[乳児] ・身体的発達に関する視点 ・社会的発達に関する視点 ・精神的発達に関する視点	
養護	[生命の保持] ・4つのねらい ・4つの内容	[情緒の安定] ・4つのねらい ・4つの内容

7 乳児保育に関わるねらい及び内容

　乳児期においては、心身両面において、短期間に著しい発育・発達が見られますが、子どもの心身の発達はまだ未分化な状況であります。この時期は、生活や

遊びが充実することを通して、子どもの身体的・社会的・精神的発達の基盤を培うことが重要です。そこで、保育内容として「**身体的発達に関する視点**＝健やかに伸び伸びと育つ」「**社会的発達に関する視点**＝身近な人と気持ちが通じ合う」「精神的発達に関する視点＝身近なものと関わり感性が育つ」という視点が導かれます。

◇ 乳児保育に関わるねらい及び内容

　身体的発達に関する視点　⇔　健やかに伸び伸びと育つ

　　健康な心と体を育て、自ら健康で安全な生活をつくり出す力の基盤を培う。

　　○3つのねらい　○5つの内容

　社会的発達に関する視点　⇔　身近な人と気持ちが通じ合う

　　受容的・応答的な関わりのもとで、何かを伝えようとする意欲や身近な大人との信頼関係を育て、人と関わる力の基盤を培う。

　　○3つのねらい　○5つの内容

　精神的発達に関する視点　⇔　身近なものと関わり感性が育つ

　　身近な環境に興味や好奇心をもって関わり、感じたことや考えたことを表現する力の基盤を培う。

　　○3つのねらい　○5つの内容

　乳児期は、3つの発達の視点から、**9つのねらいと15の内容**で教育が行われます。ここで、注目すべきことは、保育所保育指針では、乳児の発達のすばらしさ**と乳児の教育を重視**していることです。言うまでもなく、乳児期は養護的な関わりが重要ですが、そこに教育の大きな可能性があることを忘れてはいけません。9つのねらいと15の内容は、子どもを「主語」にした表現になっていますが、これらは子どもの発達の姿を示しています。そしてこれらの発達が満たされることにより、次の段階へとつながっていくのです。

8　1歳以上3歳未満児の保育に関わるねらい及び内容

　乳児期に身体的・社会的・精神的発達の基盤が培われた子どもに対して、1歳以上3歳未満児の保育の「ねらい」及び「内容」として「健康」「人間関係」「環境」「言葉」「表現」の**5つの領域（5領域）**による保育（教育）が行われます。子

どもの発達は諸側面が密接に関連し合うものであるため、各領域のねらいは相互に結びついており、内容は子どもの実際の生活と遊びにおいて総合的に展開されます。

◇ 1歳以上3歳未満児の保育に関わるねらい及び内容 ∞∞∞∞∞∞∞∞∞∞∞

5つの領域に関する学びが大きく重なり合いながら、生活や遊びの中で育まれていく。

健康	心身の健康に関する領域	3つのねらい・7の内容
人間関係	人との関わりに関する領域	3つのねらい・6の内容
環境	身近な環境との関わりに関する領域	3つのねらい・6の内容
言葉	言葉の獲得に関する領域	3つのねらい・7の内容
表現	感性と表現に関する領域	3つのねらい・6の内容

この5領域の保育の内容は、乳児保育の3つの視点および3歳以上児の保育の内容における5領域と連続するものです。幼稚園教育要領では、3歳以上の子どもの保育のねらい及び内容として5領域が示されていますが、保育所保育指針では**1歳から5領域のねらい及び内容による保育を実施している**ということは注目すべきことです。

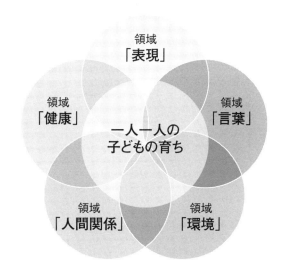

先に述べたように、保育所保育は養護と教育との一体性が重要です。1歳以上3歳未満児の段階は、発達の未分化な状態からようやく分化・発達していく段階であり、個人差の著しい段階でもあり、保育士の養護的な関わり、仲立ち的な関わりが重要です。

例えば、領域「人間関係」の内容④「保育士等の仲立ちにより、他の子どもとの関わり方を少しずつ身につける」について考えてみましょう。1歳以上3歳未

満児の場合は、保育士が子どもと子どもの仲立ちをしながら、子ども同士が自律的な人間関係を形成していけるように援助することが重要です。例えば、保育士は保育所におけるさまざまな遊びや生活の場面で、子ども同士が多様な関わりを持てるような状況を設けるように努めます。また、子どもが自分の思いを相手に伝える際に援助をしてあげることも必要であり、相手にも思いがあることを気づくように援助をすることも必要です。

◇ 領域「人間関係」——子どもとの関わり方 〰〰〰〰〰〰〰〰〰〰〰〰〰〰

1歳以上3歳児未満

④保育士等の仲立ちにより、他の子どもとの関わり方を少しずつ身につける。

3歳以上児

⑤友達と積極的に関わりながら喜びや悲しみを共感し合う。

⑦友達のよさに気付き、一緒に活動する楽しさを味わう。

⑧友達と楽しく活動する中で、共通の目的を見いだし、工夫したり、協力したりなどする。

⑩友達との関わりを深め、思いやりをもつ。

※上記の番号は保育指針の番号を使用したものである。

このような保育士の養護的な関わり、仲立ち的な関わりが十分になされることにより、次の3歳以上児の段階においては、上記の⑤⑦⑧⑩といったようなさらに発達の進んだ関わりが可能となるのです。

1歳以上3歳未満児の保育においては、5つの発達の視点としての5領域から15のねらいと32の内容で教育が行われます。32の内容は次の3歳以上児の53の内容へとつながり、発展していくものです。それぞれの内容がどのようにつながり、発展していくかを読みとることが重要です。

9　3歳以上児の保育に関するねらい及び内容

1歳以上3歳未満児の保育から3歳以上児の保育へと進んでいきます。先に述べたように、保育所は「**幼児教育を行う施設**」でもあるため、**3歳以上児のねらいと内容は幼稚園教育要領や幼保連携型認定こども園教育・保育要領と共通**です。したがって保育所も幼稚園や幼保連携型認定こども園と同じ3歳以上児の教育を

行うことになります。

◇ 3歳以上児の保育に関わるねらい及び内容

健康	心身の健康に関する領域	3つのねらい・10の内容
人間関係	人との関わりに関する領域	3つのねらい・13の内容
環境	身近な環境との関わりに関する領域	3つのねらい・12の内容
言葉	言葉の獲得に関する領域	3つのねらい・10の内容
表現	感性と表現に関する領域	3つのねらい・8の内容

　3歳以上児の保育の「ねらい」及び「内容」として「健康」「人間関係」「環境」「言葉」「表現」の5つの領域（5領域）による保育（教育）が行われます。**合計15のねらいと53の内容**ですが、これらは「幼稚園教育要領」及び「幼保連携型認定こども園教育・保育要領」との整合性が図られています。

　保育所保育指針のねらいと内容で注目すべきことは、養護と教育の一体化を踏まえながら**乳児期からの教育が発達段階に応じて積み上げられている**ことです。

　今回の保育所保育指針の改定では、幼稚園教育要領と幼保連携型認定こども園教育・保育要領との記述内容を一致させることを目指して、「ねらい」と「内容」だけでなく、これまでの保育所保育指針にはなかった「内容の取扱い」も共通なものとして掲載されています。なお、この内容の取扱いは、3歳以上児だけでなく、乳児保育や1歳以上3歳未満児の保育でも掲載されています。内容の実施に当たっては、**内容の取扱いをていねいに読み理解する**ことが大切です。

　例えば、3歳児以上の保育で、領域「環境」について見てみましょう。ねらいの一つに「自然との触れ合い」がありますが、それを達成するための内容として主に3つ掲載されています。そして保育士がこの内容を実施するに当たっては、以下のような内容の取扱いをよく読み理解しなければなりません。内容の取扱いでは、内容を実施する過程において、「豊かな感情、好奇心、思考力、表現力の基礎」といった「資質・能力」が育まれていくことが大切です。

◇ 「自然との触れ合い」をどのように育てるか

［ねらい］

　　○身近な環境に親しみ、自然と触れ合う中で様々な事象に興味や関心をもつ。

　↓

[内容]

　○自然に触れて生活し、その大きさ、美しさ、不思議さなどに気付く。

　○季節により自然や人間の生活に変化のあることに気付く。

　○自然などの身近な事象に関心をもち、取り入れて遊ぶ。

　↓

[内容の取扱い]

　○幼児期において自然のもつ意味は大きく、自然の大きさ、美しさ、不思議さなどに直接触れる体験を通して、子どもの心が安らぎ、豊かな感情、好奇心、思考力、表現力の基礎が培われることを踏まえ、子どもが自然との関わりを深めることができるよう工夫すること。

10 保育所と小学校との連携の強化

　保育所は養護と教育との一体化を踏まえながら、乳児期から小学校入学時にいたるまで、子どもの発達過程にふさわしい保育を行っています。とくに3歳以上児の保育においては、幼稚園や幼保連携型認定こども園と共通の教育を行うので、保育所は**幼児教育を行う施設として小学校との連携が今まで以上に強化される**必要があります。

（1）保育所保育指針における小学校との連携

　小学校との連携については、保育所保育指針に以下のように示されています。

①保育所においては、保育所保育が、小学校以降の生活や学習の基盤の育成につながることに配慮し、幼児期にふさわしい生活を通じて、**創造的な思考や主体的な生活態度などの基礎を培う**ようにすること。

②保育所保育において育まれた資質・能力を踏まえ、小学校教育が円滑に行われるよう、**小学校教師との意見交換や合同の研究の機会**などを設け、第1章の4の（2）に示す**「幼児期の終わりまでに育ってほしい姿」を共有する**など連携を図り、保育所保育と小学校教育との**円滑な接続を図る**よう努めること。

③子どもに関する情報共有に関して、保育所に入所している子どもの就学に

際し、市町村の支援の下に、**子どもの育ちを支えるための資料**が保育所から小学校へ送付されるようにすること。

※番号は筆者が付けたものである。

①は概論的な指摘です。②では、かなり具体的に小学校との連携のあり方について述べられています。まず教育内容における接続のあり方として、幼児期に育まれた資質・能力および「幼児期の終わりまでに育ってほしい姿（10項目）」が小学校での学習につながることで、保育所と小学校がしっかりと理解し合うことの重要性について述べられています。そのためには、これまで以上に保育士と小学校教諭との意見交換の機会や合同の研究・研修の機会を設ける必要があります。さらに保育所の年長児と小学生との交流も積極的に行うことが大切です。

③はこれまでも実施されていますが、保育所での一人ひとりの子どもの「育ち」を記した資料として「**保育所児童保育要録**」を小学校へ提出することになっています。ただし記載に当たっては資質・能力などの新しい記載内容が求められます。

以上のように、これからの保育所は、保育所保育の成果と課題を小学校と共有していくことが大切です。

（2）保育所と小学校の具体的な連携

今日の保育所や幼稚園と小学校との具体的な連携として、**保育者と小学校教諭との交流、園児と児童との交流**があります。さらに交流をベースにして、**保育所や幼稚園などではアプローチカリキュラム、小学校ではスタートカリキュラム**を作成して、卒園児が小学校生活に適応できる配慮がなされています。

①保育者と小学校教諭との交流

教育・保育は言うまでもなく誕生からの積み上げによってなされています。そこで、**保育者が小学校教諭に保育を伝える**ことが必要です。さらに保育を受けた子どもが**小学校でどのように成長するか理解する**ことも必要です。そのために、保育者と小学校教諭による情報交換として意見交換会や保育・教育参観などを行います。

②園児と児童との交流

　卒園を間近にひかえた園児にとって、小学校への入学は期待とともに不安を感じます。そこで、**ふだんから園児と児童との交流会をもつことが大切です。**例えば、一緒に給食を食べる、お互いの行事に招待し合う、児童が園児に小学校の生活を紹介するなど、さまざまな交流を行います。

③保育所、幼稚園のアプローチカリキュラム

　就学前の園児が円滑に小学校の生活や学習に適応できるようにするともに、幼児期の学びが小学校の生活や学習に活かされてつながるように工夫された**5歳児のカリキュラム**を、アプローチカリキュラムと言います。一般的には、5歳児後半から翌年3月までの期間のカリキュラムであり、小学校を意識した内容の保育を行います。

④小学校のスタートカリキュラム

　小学校に入学した子どもが、保育所や幼稚園などの遊びや生活を通した学びと育ちを基礎として、主体的に自己を発揮し、新しい学校生活を創り出していくためのカリキュラムです。一般的には小学校入学時から7月までの期間のカリキュラムであり、教科書や黒板を用いての授業ではなく、幼児期の遊びや環境を取り入れながら、**幼児期から児童期へと「学び」を滑らかにつなぐ内容のカリ**キュラムです。

☑　学びのふりかえり

（1）次の保育所保育指針の空欄に当てはまる言葉を書きなさい。

　・この指針は、保育所における保育の（　①　）に関する事項及びこれに関連する
　　（　②　）に関する事項を定めるものである。

　・保育所は、保育を（　③　）とする子どもの保育を行い、その（　④　）な心身

の発達を図ることを目的とする（　⑤　）である。

（２）保育所の役割を書きなさい。

（３）次の保育所保育指針の空欄に当てはまる言葉を書きなさい。

・保育所は、子どもが生涯にわたる（　①　）にとって極めて重要な時期に、その（　②　）の大半を過ごす場である。このため、保育所の保育は、子どもが（　③　）を最も良く生き、望ましい（　④　）をつくり出す力の基礎を培うために、次の目標を目指して行わなければならない。
・保育における養護とは、子どもの生命の保持及び（　⑤　）を図るために保育士等が行う（　⑥　）や関わりであり、保育所における保育は、養護及び教育を（　⑦　）に行うことをその特性とするものである。

（４）保育所、幼稚園と小学校との連携に関する内容の空欄に当てはまる言葉を書きなさい。

・保育所は、保育所での一人ひとりの育ちを記した資料として（　①　）を小学校に提出することになっている。
・幼児期の学びと小学校での学びが円滑につながるようにするために、保育所や幼稚園などでは（　②　）を作成し、小学校ではスタートカリキュラムを作成する。

［参考文献］
厚生労働省『保育所保育指針解説』フレーベル館，2018年
民秋言編『幼稚園教育要領・保育所保育指針・幼保連携型認定こども園教育・保育要領の成立と変遷の成立と変遷』萌文書林，2017年
無藤隆・汐見稔幸・砂上史子『ここがポイント　3法令ガイドブック』フレーベル館，2017年
塩美佐枝編『保育内容総論』同文書院，2016年

第 **4** 章

幼稚園について学ぶ

入 園 式

幼稚園教育の目的、内容、方法

幼児期の教育とは：生涯にわたる人格形成の基礎を培う重要なもの

↓

幼稚園教育の目的：学校教育法第22条「幼稚園は、義務教育及びその後の教育の基礎を培うものとして、幼児を保育し、幼児の健やかな成長のために適当な環境を与えて、その心身の発達を助長することを目的とする」

↓

幼稚園教育の目標：学校教育法第23条（5領域）

↓

幼稚園教育とは：環境を通して行うもの

↓

幼児期の教育における見方・考え方

幼児一人ひとりの環境との関わりから得られた見方・考え方を大切に育てる

幼稚園教育の基本：幼稚園教育の基本的な保育方法の原理

①幼児期にふさわしい生活の展開

・教師との信頼関係に支えられた生活

・興味や関心に基づいた直接的な体験が得られる生活

・発達の特性に応じた指導

②遊びを通しての総合的指導

③幼児の発達の特性に即した指導

幼稚園教育において育みたい資質・能力

ねらい及び内容に基づく活動全体によって育むもの

①知識及び技能の基礎（感じたり、気付いたり、分かったり、できるようになったりする）

②思考力、判断力、表現力等の基礎（考えたり、試したり、工夫したり、表現したりする）

③学びに向かう力、人間性（心情、意欲、態度が育つ中で、よりよい生活を営もうとする）

※①②③は一体的に育むもの

※保育所、幼保連携型認定こども園と共通

幼児期の終わりまでに育ってほしい姿

　　　　　　資質・能力が育まれている幼児の幼稚園終了時の具体的な姿

　　　　　　　　①健康な心と体②自立心③協同性④道徳性・規範意識の芽生

　　　　　　　　え⑤社会生活との関わり⑥思考力の芽生え⑦自然との関わ

　　　　　　　　り・生命尊重⑧数量や図形、標識や文字などへの関心・感覚

　　　　　　　　⑨言葉による伝え合い⑩豊かな感性と表現

　　　　　　※保育所、幼保連携型認定こども園と共通

幼稚園教育のねらい：幼稚園教育において育みたい資質・能力を幼児の生活する姿から

　　　　　　とらえたもの。相互に関連を持ちながら次第に達成に向かうもの。

　　　　　　[健康（3）、人間関係（3）、環境（3）、言葉（3）、表現（3）、

　　　　　　合計15のねらい]

　　　　　　※保育所、幼保連携型認定こども園と共通

幼稚園教育の内容：ねらいを達成するために指導する事項。具体的な活動を通して総

　　　　　　合的に指導されるもの。

　　　　　　[健康（10）、人間関係（13）、環境（12）、言葉（10）、表現（8）、

　　　　　　合計53の内容]

　　　　　　※保育所、幼保連携型認定こども園と共通

1 幼稚園教育要領の変遷

　文部科学省告示として、2017（平成29）年３月に「幼稚園教育要領」が改訂され、2018（平成30）年４月１日から新しい幼稚園教育が始まりました。同時期に保育所保育指針、幼保連携型認定こども園教育・保育要領も改訂（改定）され、３施設が同じ幼児教育を行うという共通性を確保するとともに、幼稚園ならではの改訂がなされています。

　幼稚園教育要領の変遷は、次表の通りです。第二次世界大戦終了後、わが国は新しい歩みを始め、まず1946（昭和21）年「**日本国憲法**」が制定されました。憲法は言うまでもなく国の基本法であり、最高法規です。この憲法によって、「学問の自由」と「教育を受ける権利」が保障され、この原理に基づいて翌年に教育の基本原則を示した「**教育基本法**」、さらに学校教育に関する総合的、基本的な法規である「**学校教育法**」が制定されました。そして、幼稚園は学校教育法において、**学校として明確に位置づけられています**。

◇ 幼稚園教育要領の変遷

1947（昭和22）年	教育基本法
1947（昭和22）年	学校教育法（学校としての幼稚園）
1948（昭和23）年	保育要領（12の楽しい幼児の経験）
1956（昭和31）年	**幼稚園教育要領（健康、社会、自然、言語、音楽リズム、絵画製作）**
1964（昭和39）年	第１次改訂（６領域告示）
1989（平成元）年	第２次改訂（健康、人間関係、環境、言葉、表現の５領域）
1998（平成10）年	第３次改訂（５領域、預かり保育、子育て支援）
2006（平成18）年	教育基本法改正（第11条　幼児期の教育）
2007（平成19）年	学校教育法改正（第22条　幼稚園の目的　第23条　目標）
2008（平成20）年	第４次改訂（５領域、預かり保育、子育て支援の充実）
2017（平成29）年	**第５次改訂（資質・能力、幼児期の終わりまでに育ってほしい姿、カリキュラム・マネジメント）**

◇ 学校教育法第1条 ∘∘

> この法律で、学校とは、幼稚園、小学校、中学校、高等学校、中等教育学校、特別支援学校、大学及び高等専門学校とする。

　文部省（現、文部科学省）は、戦後、早くも幼稚園教育の方向性を示し、1948（昭和23）年に「**保育要領——幼児教育の手引き**」を発刊しました。保育要領では、保育内容として、「楽しい幼児の経験」という副題をつけて12項目をあげています。

◇ 保育要領——楽しい幼児の経験（12項目）∘∘∘∘∘∘∘∘∘∘∘∘∘∘∘∘∘∘∘∘∘∘∘∘∘∘∘∘∘∘∘∘
　1．見学　2．リズム　3．休息　4．自由遊び　5．音楽　6．お話
　7．絵画　8．製作　9．自然観察　10．ごっこ遊び・劇遊び・人形芝居
　11．健康保育　12．年中行事

　1956（昭和31）年に、文部省はこの保育要領を改訂し、初めて「**幼稚園教育要領**」を発刊しました。この幼稚園教育要領では、幼稚園教育の内容を「領域」とし、「**健康、社会、自然、言語、音楽リズム、絵画製作**」の**6領域**が示されました。そして保育内容を小学校との一貫性を持たせるようにしながらも、小学校以上の学校における教育とは性格が異なることを指摘しています。1964（昭和39）年に**第1次改訂**がなされ、「**告示**」として公示されました。

　1989（平成元）年に、**第2次改訂**となり、これまでの「6領域」が現在の「**5領域**」に変更されました。そして、幼稚園教育の「ねらい」を「幼稚園修了までに育つことが期待される**心情、意欲、態度など**」とし、心の内面の育ちを重視していることがうかがわれます。

　1998（平成10）年の**第3次改訂**では、「生きる力の基礎となる心情、意欲、態度など」を育むことが一層強調されています。さらに、幼稚園は**子育て支援**のために、**地域における幼児期の教育のセンター**としての役割を果たすように努めることや、「**教育課程に係る教育時間の終了後に行う教育活動**」（預かり保育）のために適切な指導体制を整えることが述べられています。

　2008年（平成20）年の**第4次改訂**では、幼稚園と小学校との円滑な接続を図ること、幼稚園と家庭との連続性を確保すること、預かり保育と**子育て支援**を充実することなどを重視しています。

2017（平成29）年３月に、今回の**第５次改訂**となりました。今回の幼稚園教育要領の改訂の背景には、子ども・子育て関連３法に基づく**子ども・子育て支援新制度**の実施（2015年）があります。この新制度では、保護者が子育てについての第一義的責任を有するという基本的認識のもとに、幼児期の学校教育・保育、地域の子ども・子育て支援を総合的に推進することを目指しています。そして幼児期の学校教育・保育のあり方として、幼稚園、保育所、幼保連携型認定こども園において、幼児期の子どもに対して共通の幼児教育が提供されることになりました。

 # 2 幼稚園教育要領と幼稚園教育

幼稚園教育要領の前文には、次のように、教育基本法における教育の目的、目標、幼児期の教育、さらに学校教育法における幼稚園教育の目的および内容について掲げられており、それを踏まえて幼稚園教育のあり方について詳しく書かれています。

◇ 幼稚園教育と幼稚園教育要領

（１）教育基本法における教育の目的（第１条）

　　教育は、人格の完成を目指し、平和で民主的な国家及び社会の形成者として必要な資質を備えた心身ともに健康な国民の育成を期して行われなければならない。

（２）教育基本法における教育の目標（第２条）：５つの目標

（３）教育基本法における「幼児期の教育」（第11条）

　　幼児期の教育は、生涯にわたる人格形成の基礎を培う重要なものであることにかんがみ、国及び地方公共団体は、幼児の健やかな成長に資する良好な環境の整備その他適当な方法によって、その振興に努めなければならない。

（４）幼稚園教育に求められるもの

　　学校教育の始まりとして、教育の目的及び目標の達成を目指しつつ、一人一人の幼児が、将来、自分のよさや可能性を認識するとともに、あらゆる他者を価値のある存在として尊重し、多様な人々と協働しながら様々な社会的変化を乗り越え、豊かな人生を切り拓き、持続可能な社会の創り手となることができるようにするための基礎を培う。

・教育の目的［学校教育法第22条］
　　　・教育の目標［学校教育法第23条］
（5）教育課程
　　　具体的に幼稚園において必要な教育の内容を組織的かつ計画的に組み立てたもの。
（6）幼稚園教育要領：教育課程の基準を大綱的に定めたもの。
　　　・幼稚園における教育水準を全国的に確保する。
　　　・各幼稚園がその特色を生かして創意工夫をする。

　　幼稚園教育要領の前文で、**幼稚園教育要領とは、幼児教育の理念の実現に向けて必要となる教育課程の基準を大綱的に定めたもの**と書かれています。幼稚園教育要領とは一言で言うと幼稚園教育の「**教育課程の基準**」であり、具体的に言えば**幼稚園教育の内容**を示したものであります。そして、各幼稚園が幼稚園教育要領に基づいて教育を行うことによって、幼稚園における教育水準を全国的に確保することができます。さらに、各幼稚園が自園の特色を生かして創意工夫を重ねて教育活動の充実を図ることが求められています。

3　幼稚園教育の目的、目標

　　幼稚園教育要領に示されている幼稚園教育の目的、目標は次表の通りです。
　　幼稚園教育要領では、最初に幼児期の教育は「**生涯にわたる人格形成の基礎を培う重要なものである**」ということを示しています。さらに学校教育法22条では、幼稚園は「**義務教育及びその後の教育の基礎を培うもの**」であると示しています。すなわち、幼稚園教育は小学校、中学校の教育の基礎となるものであり、さらには高校以上の学校の基礎となるものです。幼児期の教育、幼稚園教育がいかに人間の生涯において重要なものであるかが、よくわかります。そして幼稚園教育の目的は一言で言うと幼児の「**心身の発達を助長すること**」です。

（1）幼児期の教育とは：生涯にわたる人格形成の基礎を培う重要なもの。
（2）幼稚園教育の目的
　　学校教育法第22条
　　幼稚園は、義務教育及びその後の教育の基礎を培うものとして、幼児を保育

し、幼児の健やかな成長のために適当な環境を与えて、その心身の発達を助長することを目的とする。

（3）幼稚園教育の目標：学校教育法第23条（5領域）

1　[健康]　健康、安全で幸福な生活のために必要な基本的な習慣を養い、身体諸機能の調和的発達を図ること

2　[人間関係]　集団生活を通じて、喜んでこれに参加する態度を養うとともに家族や身近な人への信頼感を深め、自主、自律及び協同の精神並びに規範意識の芽生えを養うこと。

3　[環境]　身近な社会生活、生命及び自然に対する興味を養い、それらに対する正しい理解と態度及び思考力の芽生えを養うこと。

4　[言葉]　日常の会話や、絵本、童話等に親しむことを通じて、言葉の使い方を正しく導くとともに、相手の話を理解しようとする態度を養うこと。

5　[表現]　音楽、身体による表現、造形等に親しむことを通じて、豊かな感性と表現力の芽生えを養うこと。

（4）幼稚園教育とは：環境を通して行うもの

　さらに、目的を受けて、学校教育法では具体的に5つの教育目標を示しています。これらは順に健康、人間関係、環境、言葉、表現の5領域の目標です。どの目標も大変簡潔で明確な目標であり、**この目標をもとに、各幼稚園の園目標が立てられる**ことになっています。

　幼稚園教育を一言で言うと、「**環境を通して行う教育（環境構成による教育）**」です。小学校教育と違って、幼稚園には教科書はありません。そのかわり、幼児は**身近な環境**の中で、環境に主体的に関わりながら、環境から多くの学びを獲得することができます。そこで保育者は、**豊かな教育環境**をつくらなければならないのです。

 4　幼稚園教育の基本——保育方法の基本原理

　幼稚園教育は、環境を通して行う教育です。保育者は幼児とともによりよい教育環境をつくり、子どもは環境に主体的に関わることにより、多くの学びを獲得します。その際に、保育者には次のような保育方法が求められます。

（1）幼児期にふさわしい生活の展開

　子どもは安定した情緒のもとで自己を十分に発揮することにより、発達に必要な体験を得ることができます。そのためには**幼児期にふさわしい生活**が展開されることが必要です。幼児期にふさわしい生活として、以下の3つの生活をあげることができます。

①保育者との信頼関係に支えられた生活の展開

　子どもにとって、幼稚園に行くのが楽しいのは、保育者がいるからです。「大好きな先生がいるから、幼稚園が好き」「先生がお母さんみたいに優しいから、幼稚園に行くのが楽しい」というのが子どもの自然な思いです。

　保育者に見守られ、支えられ、認められ、**保育者との信頼関係**に支えられながら、子どもは次第に自分の世界を拡大し、自立していくことができます。

②興味や関心に基づいた直接的な体験が得られる生活

　子どもの生活は、そのほとんどが**興味や関心に基づいた自発的な活動**からなっています。幼児教育にはテキストはありません。子どもが興味や関心をもってさまざまな体験をすることから、これからの人生にとって重要な学びを獲得することができます。

③友達と十分に関わって展開する生活

　少子化の時代においては一人っ子が多いため、幼稚園や保育所では、子どもがほかの子どもと一緒に遊んだり、生活をすることそのものが、大きな意義をもっています。子ども同士が相互に関わることにより、子どもは自分の存在感を確認し、自分と他者との違いに気づき、他者への思いやりを深め、集団への参加意識を高め、集団の中で自律性を育むことができます。

（2）遊びを通しての総合的指導

　幼稚園教育要領では、「遊びを通しての指導を中心として第2章に示すねらいが総合的に達成されるようにすること」と書かれています。これは、**遊びを通して5領域のねらいが総合的に達成されるような指導をする**ことです。そして、ねらいを達成するために指導する事項が「内容」です。

そこで遊びを通して5領域のねらいがどのように達成されるのか、具体的に「ケーキ屋さんごっこ」を例にながめてみましょう。

領域	幼稚園教育要領のねらい	子どもの具体的な行動
健康	明るく伸び伸びと行動し、充実感を味わう。	友達と一緒にケーキ屋さんになって工夫してケーキを作ったり、お客さんになってケーキを買うことに、楽しんで取り組んでいる。
人間関係	社会生活における望ましい習慣や態度を身につける。	ケーキ屋さんごっこをしながら、気持ちよく売ったり買ったりする体験をしている。
環境	身近な事象を見たり、考えたり、扱ったりする中で、物の性質や数量、文字などに対する感覚を豊かにする。	粘土で立体的にケーキを作り、色を塗ったりして本物らしく作ろうとしている。図鑑を見て、ケーキ屋さんの看板も作っている。
言葉	自分の気持ちを言葉で表現する楽しさを味わう。	ケーキ屋さんになりきって、お客さんに積極的に声をかけている。
表現	感じたことや考えたことを自分なりに表現して楽しむ。	ケーキだけでなく、パンも売り出そうと発案している。

ケーキ屋さんごっこから明らかなように、ごっこ遊びにより、子どもは**多様な学び**が獲得されます。子どもが一つの遊びに集中し、保育者が適切な援助をすることにより、5領域のいろいろなねらいが達成されるのです。

（3）子どもの発達の特性に即した指導

　子どもの発達は、大筋で見れば、どの子どもも**共通した発達過程**をたどります。保育者が保育する際には、その年齢の多くの子どもが示す発達の姿、発達の過程について理解しておくことが大切です。

　しかしながら、同じ年齢の子どもであっても、一人ひとりの子どもの発達の姿は皆異なります。その発達の違いが、それぞれの子どもの発達の個性となります。そして、発達の個性から、環境の受け止め方や見方、環境への関わり方の違いが生まれるのです。例えば、運動能力の優れた子どもは運動的な遊びを好みますが、一方において、「○○ちゃんのようにステキな絵を描けるようになりたい」という、**その子なりの「発達の課題」**をもつことがあります。また、いつもブロックで緻密な作品を作る子どもが、園庭で楽しくサッカーをしている仲間を見て、一緒にサッカーをして上手になりたいという「発達の課題」をもつようになります。

このように、子どもはそれぞれに発達の課題をもっており、保育者は**子ども一人ひとりの発達の特性と発達の課題を理解**し、指導していくことが大切です。

5 幼稚園教育において育みたい資質・能力

（1）幼児教育における「見方・考え方」

幼稚園教育要領では、幼児期における**「見方・考え方」を大切に育む**ことが重視されています。幼児期は、子ども一人ひとりが異なる家庭環境や生活経験の中で、自分が親しんだ具体的なものを手掛かりにして、自分自身のイメージを形成し、それに基づいて物事を感じとったり気づいたりする時期です。したがってこのような一人ひとりの子どもの「見方・考え方」を園生活全体において受け止めていくことが大切です。

さらにこのような「見方・考え方」は、遊びや生活の中で保育者による意図的、計画的な環境構成のもとで、保育者や友達と関わり、さまざまな体験をすることを通して広がったり、深まったりして、修正・変化し発展していくものです。このような「見方・考え方」はさらに小学校における各教科の学びにつながります。

（2）幼児教育において育みたい資質・能力

小・中学校学習指導要領では、子どもたちが未来社会を切り拓くための「資質・能力」を確実に育成することが目指されています。

例えば、小学校教育における資質・能力は、「基礎的・基本的な知識及び技能を確実に習得させ、これらを活用して課題を解決するために必要な思考力、判断力、表現力等を育むとともに、主体的に学習に取り組む態度を養い、個性を生かし多様な人々との協働を促す教育の充実に努めること」とされています。そこで幼児教育において、**子どもにふさわしい資質・能力を育むことにより、幼児教育と小学校以上の教育との接続が確実なものとなります。**

幼児教育おいて育みたい資質・能力は以下の通りです。

○豊かな体験を通じて、感じたり、気付いたり、分かったり、できるようになったりする**「知識及び技能の基礎」**

○気付いたことや、できるようになったことなどを使い、考えたり、試した

り、工夫したり、表現したりする「**思考力、判断力、表現力等の基礎**」

○心情、意欲、態度が育つ中で、よりよい生活を営もうとする「**学びに向か
う力、人間性等**」

これらの**資質・能力**は、幼稚園教育要領の5領域のねらい及び内容を通じて一
体的に育まれるものです。

（3）幼児期の終わりまでに育ってほしい姿

「幼児期の終わりまでに育ってほしい姿」も、幼稚園教育要領の新しい事項で
す。これは、5領域のねらい及び内容に基づく活動全体を通して資質・能力が育
まれている**幼稚園終了時の具体的な姿**です。

具体的に次の10項目が掲げられています。

○健康な心と体（健康）　　○自立心（人間関係）　　○協同性（人間関係）

○道徳性・規範意識の芽生え（人間関係）

○社会生活との関わり（人間関係）　　○思考力の芽生え（環境）

○自然との関わり・生命尊重（環境）

○数量や図形、標識や文字などへの関心・感覚（環境）

○言葉による伝え合い（言葉）　　○豊かな感性と表現（表現）

この10項目の幼児期の終わりまでに育ってほしい姿は、5歳児の後半に身につ
けることが望まれるものです。このような姿を**幼稚園と小学校教員が共有する**こ
とにより、幼児教育と小学校教育との接続の一層の強化を図ることが期待できま
す。

6 幼稚園教育のねらいと内容

幼稚園教育のねらいと内容は、保育所、幼保連携型認定こども園と共通です。

（1）幼稚園教育のねらい

幼稚園教育において育みたい資質・能力を幼児の生活する姿からとらえたもの。

・健康（3）　・人間関係（3）　・環境（3）　・言葉（3）　・表現（3）
15のねらい。相互に関連を持ちながら次第に達成に向かうもの。

（2）幼稚園教育の内容

ねらいを達成するために指導する事項
　　・健康（10）　・人間関係（13）　・環境（12）　・言葉（10）　・表現（8）
53の内容。具体的な活動を通して総合的に指導されるもの。

☑ 学びのふりかえり

（1）次の学校教育法第22条の空欄に当てはまる言葉を書きなさい。

　　幼稚園は、（　①　）及びその後の教育の基礎を培うものとして、幼児を保育し、
　幼児の健やかな成長のために適当な（　②　）を与えて、その（　③　）の発達を
　助長することを目的とする。

（2）幼稚園教育の3つの基本原理について書きなさい。

（3）幼稚園教育において育みたい資質・能力について書きなさい。

［参考文献］
文部科学省『幼稚園教育要領解説』フレーベル館，2018年
厚生労働省『保育所保育指針解説』フレーベル館，2018年
内閣府・文部科学省・厚生労働省『幼保連携型認定こども園教育・保育要領解説』フレーベル館，2018年
民秋言『幼稚園教育要領・保育所保育指針・幼保連携型認定こども園教育・保育要領の成立と変遷』萌文書林，2017年

第 **5** 章

幼保連携型認定こども園
について学ぶ

幼保連携型認定こども園の目的、目標、ねらい、内容

こども園の目的：認定こども園法第9条
　　　①満3歳以上の子どもに対する教育ならびに保育を必要とする子どもに対する保育を一体的に行い、心身の発達を助長する
　　　②保護者に対する子育ての支援を行う

こども園の目標：認定こども園法第9条（教育＝5領域、養護）

こども園の教育および保育とは：環境を通して行うもの

教育および保育の基本：こども園の教育および保育の基本的な保育方法の原理
　　　①安心感と信頼感をもっていろいろな活動に取り組む体験
　　　②乳幼児期にふさわしい生活の展開
　　　　・興味や関心に基づいた直接的、具体的な体験が得られる生活
　　　　・友達と十分に関わって展開する生活
　　　③遊びを通しての総合的指導
　　　④園児一人ひとりの発達の特性に応じた指導
　　　※①は保育所保育指針と類似
　　　※②③④は幼稚園教育要領と同じ

こども園の教育および保育において育みたい資質・能力
　　　①知識及び技能の基礎（感じたり、気付いたり、分かったり、できるようになったりする）
　　　②思考力、判断力、表現力等の基礎（考えたり、試したり、工夫したり、表現したりする）
　　　③学びに向かう力、人間性等（心情、意欲、態度が育つ中で、よりよい生活を営もうとする）
　　　※①②③は一体的に育むもの
　　　※①②③は幼稚園教育要領、保育所保育指針と共通

幼児期の終わりまでに育ってほしい姿
　　　資質・能力が育まれている園児のこども園終了時の具体的な姿
　　　①健康な心と体②自立心③協同性④道徳性・規範意識の芽生え⑤社会生活との関わり⑥思考力の芽生え⑦自然との関わり・生命尊重⑧数量や図形、標識や文字などへの関心・感覚⑨言葉による伝え合い⑩豊かな感性と表現
　　　※幼稚園教育要領、保育所保育指針と共通

こども園の教育および保育のねらい

こども園の教育及び保育において育みたい資質・能力を園児の生活する姿からとらえたもの。相互に関連をもちながら次第に達成に向かうもの。

①乳児期の園児

・身体的発達に関する視点「健やかに伸び伸びと育つ」（3つのねらい）

・社会的発達に関する視点「身近な人と気持ちが通じ合う」（3つのねらい）

・精神的発達に関する視点「身近なものと関わり感性が育つ」（3つのねらい）

※保育所保育指針と共通

②満1歳以上満3歳未満の園児

[健康（3）、人間関係（3）、環境（3）、言葉（3）、表現（3）、合計15のねらい]

※保育所保育指針と共通

③満3歳以上の園児

[健康（3）、人間関係（3）、環境（3）、言葉（3）、表現（3）、合計15のねらい]

※幼稚園教育要領、保育所保育指針と共通

こども園の教育および保育の内容

ねらいを達成するために指導する事項。具体的な活動を通して総合的に指導されるもの。

①乳児期の園児

・身体的発達に関する視点「健やかに伸び伸びと育つ」（5つの内容）

・社会的発達に関する視点「身近な人と気持ちが通じ合う」（5つの内容）

・精神的発達に関する視点「身近なものと関わり感性が育つ」（5つの内容）

※保育所保育指針と共通

②満1歳以上満3歳未満の園児

[健康（7）、人間関係（6）、環境（6）、言葉（7）、表現（6）、合計32の内容]

※保育所保育指針と共通

③満3歳以上の園児

[健康（10）、人間関係（13）、環境（12）、言葉（10）、表現（8）、合計53のねらい]

※幼稚園教育要領、保育所保育指針と共通

1 幼保連携型認定こども園の目的

　子育てをめぐる社会の変化に対応するために、保育所や幼稚園の「よいところ」を生かしながら、両方の役割や機能を取り入れた教育・保育施設が幼保連携型認定こども園です。

　認定こども園法第2条第7項に、以下のように幼保連携型認定こども園の目的が示されています。

　　　この法律において「幼保連携型認定こども園」とは、義務教育及びその後の教育の基礎を培うものとしての満3歳以上の子どもに対する教育並びに保育を必要とする子どもに対する保育を一体的に行い、これらの子どもの健やかな成長が図られるよう適当な環境を与えて、その心身の発達を助長するとともに、保護者に対する子育ての支援を行うことを目的として、この法律を定めるところにより設置される施設をいう。

　幼保連携型認定こども園の目的は大きく2つあり、一つは**満3歳以上の子どもに対する教育と保育を必要とする子どもに対する保育を一体的に行うこと**です。幼稚園は教育を、保育所は保育を行うとされています。幼保連携型認定こども園は保護者が働いている、いないにかかわらず受け入れて、教育と保育を一体的に行う施設です。具体的には、満3歳以上の子どもの教育と保育を行い、乳児から満3歳未満児の保育を行います。

　もう一つの目的は**保護者に対する子育ての支援を行うこと**です。子育ての支援は、主に**幼保連携型認定こども園を利用している保護者への支援**と、**地域の保護者への支援**があります。すべての子育て家庭を対象に、子育て不安に対応した相談活動や、親子の集いの場を提供することになっています。

　幼稚園、保育所でも地域の保護者への子育ての支援は行っていますが、地域の子育て支援は義務ではなく、それぞれの幼稚園、保育所の裁量で子育ての支援がなされています。しかしながら、**幼保連携型認定こども園においては、子育ての支援は義務化されており**、こども園の重要な目的の一つとなっています。

　　○幼稚園は教育
　　○保育所は保育（養護と教育）
　　○**幼保連携認定こども園は、教育＋保育＋子育ての支援**

2 幼保連携型認定こども園の目標

幼保連携型認定こども園の目標は、**認定こども園法第9条**に示されています。

一　健康、安全で幸福な生活のために必要な基本的な習慣を養い、身体諸機能の調和的発達を図ること。

二　集団生活を通じて、喜んでこれに参加する態度を養うとともに家族や身近な人への信頼感を深め、自主、自律及び協働の精神並びに規範意識の芽生えを養うこと。

三　身近な社会生活、生命及び自然に対する興味を養い、それらに対する正しい理解と態度及び思考力の芽生えを養うこと。

四　日常の会話や、絵本、童話等に親しむことを通じて、言葉の使い方を正しく導くとともに、相手の話を理解しようとする態度を養うこと。

五　音楽、身体による表現、造形等に親しむことを通じて、豊かな感性と表現力の芽生えを養うこと。

六　快適な生活環境の実現及び子どもと保育教諭その他の職員との信頼関係の構築を通じて、心身の健康の確保及び増進を図ること。

　6つの目標のうち、1～5までは**幼稚園（学校教育法第23条）の5領域の目標**と同じで、教育に関わる目標です。幼保連携型認定こども園では教育を行いますから、幼稚園と同様の教育を行います。

　6は**養護に関わる目標**です。幼保連携型認定こども園は保育も行いますから、養護に関わる目標も重要になります。

　以上のように、幼保連携型認定こども園の目標は、幼稚園の目標と保育所の目標を統合した内容になっています。

　なお1～5の教育に関わる目標、6の養護に関わる目標は乳児からすべての年齢の子どもに当てはまる目標です。

3　幼保連携型認定こども園の内容

（1）幼保連携型認定こども園の教育および
　　保育において育みたい資質・能力ならびに
　　「幼児期の終わりまでに育ってほしい姿」

「本章のまとめ」で明らかなように、幼保連携型認定こども園も幼稚園、保育所と同様に、「育みたい資質」と「幼児期の終わりまでに育ってほしい姿」は共通です。

（2）幼保連携認定こども園のねらいと内容

ねらいと内容も「本章のまとめ」で明らかなように、乳児期の園児および満1歳以上3歳未満の園児のねらいと内容は保育所と共通です。さらに満3歳以上の園児のねらいと内容は、幼稚園、保育所と共通です。

4　教育と保育を一体的に行う幼保連携型認定こども園の教育・保育とは

幼保連携型認定こども園では、満3歳以上の子どもに対する教育と保育を必要とする子どもに対する保育を一体的に行い、その心身の発達を助長することを目的としています。そしてその教育と保育は、子どもが登園してから降園するまでの1日を通して、また、入園から修了までの在園期間全体を通して行われます。

　幼稚園は教育を行い、保育所は養護と教育を一体的に行い、幼保連携型認定こども園は教育と保育を一体的に行います。それでは、幼保連携型認定こども園では、どのように教育と保育を一体的に行うのでしょうか。

　幼保連携型認定こども園の保育時間は、短時間（4時間程度）と長時間（8時間程度）があります。一般的なこども園の1日の生活は次頁の表の通りです。

　幼保連携型認定こども園では、満3歳以上の子どもに対する教育は1日に4時間を標準としています。したがって満3歳以上の子どもは、いわゆる幼稚園の4時間の教育を受ける子どもも保育所の8時間の保育を受ける子どもも、**共通に4時間の教育を受けます**。この満3歳以上の教育は、資質・能力の考え方や「幼児期の終わりまでに育ってほしい姿」などを幼稚園教育要領と共通のものとしてい

	7：30～14：00	14：00～17：00
0～2歳児	8時間の保育を受ける	
3～5歳児（長時間利用） （保育所に類した部分）	共通の4時間の 教育を受ける	保育を受ける
3～5歳児（短時間利用） （幼稚園に類した部分）		降園（預かり保育あり）

ます。

　4時間の教育終了後、幼稚園の子どもは降園しますが、**保育所の子どもは引き続いて保育を受けます**。午後の保育の内容は、午前の活動を踏まえて子どもにふさわしい活動がなされます。この保育の部分は保育所保育指針と同様の内容となっています。

　0歳～満2歳の子どもは1日8時間の保育を受けます。

　認定こども園では、教育と保育を一体的に行うために、次のような細やかな配慮がなされています。

[在園時間が異なる多様な園児がいることへの配慮]

　認定こども園には、在園時間が異なる多様な園児が教育および保育を受けています。したがって園児の生活が安定するように、家庭や地域、認定こども園における生活の連続性を確保するとともに、一日の生活のリズムを整える工夫が必要です。とくに満3歳未満の園児については睡眠時間などの個人差に工夫をすることが大切です。満3歳以上の園児については、集中して遊ぶ場と家庭的な雰囲気の中でくつろぐ場との適切な調和をつくることができるような工夫が必要です。

[集団生活の経験年数が異なる園児がいることへの配慮]

　認定こども園に入園した年齢により集団生活の経験年数が異なる園児がいることに配慮することが大切です。0歳から小学校就学前までの一貫した教育および保育を園児の発達や学びの連続性を考慮して展開することになります。

　とくに満3歳以上については、入園する園児が多く、3歳で初めて認定こども園に入園する子ども、0歳～2歳クラスにいて進級した子どもが一緒に集団生活をします。さらに、例えば小規模保育施設など、ほかの施設から入園する子どももいます。したがって、保育者は3歳児の1学期はとくに個別の配慮が必要です。

[長期休業中・後の保育]

　満3歳以上の園児については、夏休みなどの長期的な休業中、園児が過ごす家庭や園などの生活の場が異なることを考慮しなければなりません。長期休業時、4時間保育の子どもは在宅し、8時間保育の子どもは子ども園に通い続けます。したがって長期休業中は、それぞれの子どもの経験が異なります。4時間保育の子どもは、家族と一緒に過ごす時間が長く、旅行や普段経験できない活動を多くすることができます。一方、8時間保育の子どもは、普段と同様に集団活動を継続することができます。このような事情を配慮して、それぞれの園児が休業中の多様な生活経験を休業後に生かすことのできるように、休業終了後の活動を計画する必要があります。

5　幼保連携型認定こども園の子育て支援

　幼保連携型認定こども園においては、子育て支援は義務化されていますが、子育て支援の内容は保育所とほぼ共通です。したがって子育て支援については本書の第9章を読んでください。

☑　学びのふりかえり

（1）次の認定こども園法の空欄にあてはまる言葉を書きなさい。

　　この法律において「幼保連携型認定こども園」とは、（　①　）及びその後の教育の基礎を培うものとしての満3歳以上の子どもに対する（　②　）並びに保育を必要とする子どもに対する保育を（　③　）に行い、これらの子どもの健やかな成長が図られるよう適当な（　④　）を与えて、その（　⑤　）の発達を助長すると

ともに、保護者に対する（　⑥　）を行うことを目的として、この法律を定めると
ころにより設置される施設をいう。

（２）幼稚園、保育所と幼保連携型認定こども園との共通点、相違点につ
　　　いて書きなさい。

［参考文献］

内閣府・文部科学省・厚生労働省『幼保連携型認定こども園教育・保育要領解
　　説』フレーベル館，2018年

民秋言他編『幼稚園教育要領・保育所保育指針・幼保連携型認定こども園教育・
　　保育要領の成立と変遷』萌文書林，2017年

無藤隆・汐見稔幸・砂上史子『ここがポイント！　３法令ガイドブック』フレー
　　ベル館，2017年

第6章

保育所保育の方法

環境を通して行う保育

1．保育の環境の種類

- ・保育士などや子どもなどの人的環境
- ・施設や遊具等の物的環境
- ・自然や社会の事象

2．環境構成の留意点

①子ども自らが環境に関わり、自発的に活動し、さまざまな経験を積んでいくことができるよう配慮すること。

③子どもの活動が豊かに展開されるよう、保育所の設備や環境を整え、保育所の保健的環境や安全の確保などに努めること。

③保育室は、温かな親しみとくつろぎの場となるとともに、生き生きと活動できる場となるように配慮すること。

④子どもが人と関わる力を育てていくため、子ども自らが周囲の子どもや大人と関わっていくことができる環境を整えること。

3．保育所保育の方法

①一人ひとりの子どもの状況や家庭および地域社会での生活の実態を把握する

②子どもの主体としての思いや願いを受け止める

③子どもの生活リズムを大切にする

④健康、安全で情緒の安定した生活ができる環境や、自己を十分に発揮できる環境を整える

⑤子どもの発達について理解し、一人ひとりの発達過程に応じて保育する

⑥子ども相互の関係づくりや互いに尊重する心を大切にし、集団における活動を効果あるものにするよう援助する

⑦子どもが自発的・意欲的に関われるような環境を構成する

⑧生活や遊びを通して総合的に保育する

1 環境を通して行う保育の必要性

　乳幼児期の教育（保育）と小学校の教育との大きな違いは、小学校には教科書があるのに対して、乳幼児期の教育には教科書がないことです。しかしながら、乳幼児期の教育には**「身近な環境」という重要な教科書**があります。乳幼児期の教育は**環境を通して行う**ものです。

　保育所保育指針、幼稚園教育要領では、それぞれの保育（教育）について次のように示されています。

◇ 保育所保育指針

　保育所は、その目的を達成するために、保育に関する専門性を有する職員が、家庭との緊密な連携の下に、子どもの状況や発達過程を踏まえ、**保育所における環境を通して、養護及び教育を一体的に行う**ことを特性としている。

◇ 幼稚園教育要領

　幼児期の教育は、生涯にわたる人格形成の基礎を培う重要なものであり、幼稚園教育は、学校教育法に規定する目的及び目標を達成するため、幼児期の特性を踏まえ、**環境を通して行う**ものであることを基本とする。

　保育所は保育所の環境を通して養護と教育を一体的に行い、幼稚園は幼稚園の環境を通して教育を行うことが示されており、どちらも保育における**環境の重要性**が指摘されています。

　子どもはそれぞれの発達に即しながら身近な環境に主体的に関わり、心動かされる体験を重ね、遊びが発展し生活が広がる中で、環境との関わり方や意味に気づき、これらを取り込もうとして、諸感覚を働かせながら、試行錯誤したり、思い巡らしたりしています。このような幼児期独特の**「見方・考え方・行動の仕方」**は、保育者の意図的・計画的な環境の構成のもとに、保育者やほかの子どもと関わり、さまざまな体験をすることを通してさらに広がったり、深まったりしていくものです。

2 保育所保育指針に示された「環境を通しての保育」

保育所保育指針では、環境を通しての保育について、次のように示されています。

◇ 環境構成の留意点 ┈┈┈┈┈┈┈┈┈┈┈┈┈┈┈┈┈┈┈┈┈┈┈┈┈┈┈

保育の環境には、保育士等や子どもなどの**人的環境**、施設や遊具などの**物的環境**、更には**自然や社会の事象**などがある。保育所は、こうした**人、物、場などの環境が相互に関連**し合い、子どもの生活が豊かなものとなるよう、次の事項に留意しつつ、計画的に環境を構成し、工夫して保育しなければならない。

ア．**子ども自らが環境に関わり**、自発的に活動し、様々な経験を積んでいくことができるよう配慮すること。

イ．**子どもの活動が豊かに展開される**よう、保育所の設備や環境を整え、保育所の**保健的環境や安全の確保**などに努めること。

ウ．**保育室は、温かな親しみとくつろぎの場**となるとともに、**生き生きと活動できる場**となるように配慮すること。

エ．**子どもが人と関わる力を育てていく**ため、子ども自らが周囲の子どもや大人と関わっていくことができる環境を整えること。

保育所保育指針では、次の3つの環境が挙げられています。
○保育士等や子どもなどの人的環境
○施設や遊具等の物的環境
○自然や社会の事象

これらの環境が相互に関連し合い、子どもの生活が豊かなものとなるように、計画的に環境を構成し、工夫して保育を行うために、4つの留意点が示されています。保育所の環境構成で興味深いのは、子どもの主体的な活動を促す**教育的な環境**とともに、「保健的環境や安全の確保」や「保育室は、温かな親しみとくつろぎの場」に示されるような**養護的な環境**も大切にしていることです。保育所保育は養護と教育が一体となって営まれますが、環境の構成に当たっても、**養護的な環境と教育的な環境の一体化**が大切です。

留意点を踏まえて、人的環境、物的環境、自然や社会の事象などが相互に関連し合って行われる環境を通しての保育の事例を紹介します。

（1）紙飛行機を作って飛ばそう

5歳児クラスで、「紙飛行機を作って飛ばそう」というテーマで保育を行いました。保育者は、厚い紙や薄い紙、大きな紙や小さな紙、大きさの異なる紙など、さまざまな種類の紙を用意して、子どもたちに見せました。そして子どもたちに最初に質問をしたところ、次のような答えが返ってきました。

> 保育者　：どんなのがよく飛ぶでしょうねえ。
> 子ども1：薄い紙で作ったのがよく飛ぶ。軽いから。
> 子ども2：ちがう。薄いのは曲がって墜落してしまう。厚いのがよく飛ぶ。
> 保育者　：さあ、どうでしょう。
> 子ども3：厚さではない。先がとがっていてカッコいいのがよく飛ぶ。
> 子ども4：飛ばし方でもちがう。
> 子ども5：やってみないとわからないよ。

子どもたちの発言から明らかなように、保育者が**物的環境**として用意したさまざまな紙を見たり、触ったりしながら、子どもたちは「どのような飛行機がよく飛ぶか」というテーマで、真剣に考え、自分の意見を述べています。子どもたちは、一人ひとりがこれまでの**自分の体験に基づいた発言**をしており、友達の発言に対して、自分の意見を述べあい、一つのテーマについてみんなで意見を出し合っています。「子ども5」の意見は、決して投げやりな発言ではなく、4人の意見を踏まえて、一つの結論だけで決めつけるべきではないという趣旨の発言です。

この後に、子どもたちは自分で工夫してつくった飛行機を飛ばしながら、自分の飛行機よりも遠くへ飛ぶ友達の飛行機を見て、ある子どもは自分の考えを修正して新たに飛行機をつくり直していました。

この事例を、さらに「**育みたい資質・能力**」の視点から眺めてみましょう。

◇ **育みたい資質・能力** ⚬⚬⚬⚬⚬⚬⚬⚬⚬⚬⚬⚬⚬⚬⚬⚬⚬⚬⚬⚬⚬⚬⚬⚬⚬⚬⚬

　○豊かな体験を通じて、感じたり、気付いたり、分かったり、できるように

なったりする「知識及び技能の基礎」

○気付いたことや、できるようになったことなどを使い、考えたり、試したり、工夫したり、表現したりする「思考力、判断力、表現力等の基礎」

○心情、意欲、態度が育つ中で、よりよい生活を営もうとする「学びに向かう力、人間性等」

　子どもたちが自分の意見を述べ、友達の意見を聞き、実際に行動で確認しながら、さらにより良い成果を求めて行動をするプロセスにおいて、**3つの資質・能力が育まれている**のがわかります。

（2）毎日の保育の何気ない場面から

　子どもは、毎日の保育所での生活で、さまざまな発見をします。その発見に保育者がどのように応答するかが重要です。次の子どもの発言にどのように応答するか考えてください。

> （例1）みてごらん、コップにはしを入れると小さくなる。まがってる。アレッもってみたら、まがってないの。
>
> （例2）コップをはしでたたくと、いろんな音がでるね。ドレミファソもできるかな。

　次の事例は、ある保育者の保育記録の一部です。

> 　絵を描くときに、絵具を水で溶いたり、絵具を混ぜたり、紙にたらしたり、紙の上に塗りつけたり、絵具が乾くのを待ったりするが、子どもはいろいろな学習をする。

　短い、メモのような記録ですが、子どもが初めて絵具で絵を描くとき、それぞれの瞬間でどのような気持ちや考えをもって臨んでいるのか、そして、保育者としてどのように対応するか、考えることがたくさんあります。学生の皆さんも、初めて絵具を使う子どもと同じ気持ちになって、それぞれの場面を**追体験**してください。

（3）身近な自然環境との触れ合い

　保育所保育指針の領域「環境」では、子どもが身近な環境との関わりを大切にしています。幼児にとって自然との関わりはとても重要ですが、その自然は子どもにとってごく**身近な自然**を指しています。家の近くや保育所の園庭、保育所を取り囲む自然との関わりが大切です。次の事例は、子どもにとって、身近な自然との関わりの大切さを教えてくれています。

◇ 名もないあそび──雨の園庭に身を置く

　　つい先日、久しぶりに雨が降った……。傘をさして長靴を履いて、子どもたちは水たまりをばしゃばしゃ歩く。鉄棒に並んだ雨の雫を指ですうっとなぞって落としてみたり、池をのぞき込んでみたり、傘に落ちる雨の音を聞いたりしながら彼らは飽きることがない。晴れた日とは異なる園庭のようすを全身で感じている。「おべんとうの時間だよ！」と保育者から声がかかるまで探索は続いていた。

　　「名もないあそび」とでも名づけようか、この「名もないあそび」は、あそびの当事者である子どもにとっては、つまらないあそびではけっしてない。**みずから環境に関わって、思いつきを挿入し、試し、ときにハプニングがあり、変幻自在のあそびの流れに、自分たちが関わることを本当に楽しんでいる**。「雨の園庭に身を置く」というそのことが、彼らにとって自然に包まれていながら同時に自然を身近な意味ある世界へと色合いをつけていく、積極的な関わり体験にほかならない。時として、『名もないあそび』は、私たちが心して見つめていくべきところを気づかせてくれる。

　学生の皆さんも幼いころに、このような体験をしたことがあるでしょう。雨の日は保育室で遊びます。しかしながら、この事例のように、雨の日だからこそ、身近な自然（「雨」という自然とともに、雨が与えてくれる不思議な世界など）に触れて気づいたり、発見したり、考えてみたりする機会を与えてくれることがあります。

3 保育所保育の方法

　保育所保育指針では、環境を通しての保育をもとに、保育所保育の方法として次のように示されています。

◇ 保育の方法 ···

　①一人一人の子どもの状況や家庭及び地域社会での生活の実態を把握するとともに、子どもが安心感と信頼感をもって活動できるよう、子どもの主体としての思いや願いを受け止めること

　②子どもの生活のリズムを大切にし、健康、安全で情緒の安定した生活ができる環境や、自己を十分に発揮できる環境を整えること

　③子どもの発達について理解し、一人一人の発達過程に応じて保育すること。その際、子どもの個人差に十分配慮すること。

　④子ども相互の関係づくりや互いに尊重する心を大切にし、集団における活動を効果あるものにするよう援助すること。

　⑤子どもが自発的・意欲的に関われるような環境を構成し、子どもの主体的な活動や子ども相互の関わりを大切にすること。特に、乳幼児期にふさわしい体験が得られるように、生活や遊びを通して総合的に保育すること。

　⑥一人一人の保護者の状況やその意向を理解、受容し、それぞれの親子関係や家庭生活等に配慮しながら、様々な機会をとらえ、適切に援助すること。

　保育所保育指針では6つの保育方法が示されていますが、8つにわけて説明します。

（1）一人ひとりの子どもの状況や
　　　家庭および地域社会での生活の実態を把握する

　子どもは保育所での生活とともに、**家庭と地域社会での生活**をしています。したがって家庭や地域社会での生活と保育所での生活がつながるような保育をすることが大切です。そのためには、保護者と子どもとのプライバシーに十分な配慮をしながら、子どもの**家庭環境や生活の実態を把握する**必要があります。

（2）子どもの主体としての思いや願いを受け止める

　子どもの主体としての思いや願いを受け止めるということは、保育者が子どもの理解者となることです。子どもの理解者になるということは、子どもを**受容したり、共感したり、認めたり、支えたり、助けたりする**ことです。その結果、子どもは主体としての自分に自信をもつことができるようになり、**自己肯定感**を高めていくことができるようになります。

（3）子どもの生活リズムを大切にする

　家庭によって子どもの生活リズムは異なっています。保育士は一人ひとりの子どもの生活リズムを大切に受け入れながら、子どもが保育所の生活リズムに慣れていくように支援することが大切です。

（4）健康、安全で情緒の安定した生活ができる環境や、
　　　自己を十分に発揮できる環境を整える

　保育所における保育は、養護と教育を一体的に行うことを特性としています。そのために、**養護的な環境**として健康、安全で情緒の安定した生活ができる環境を整えることが大切です。「**保育所はもう一つのお家**」という人がいます。子どもが家庭でくつろぐことができるように、保育所も子どもにとって心身ともに**くつろげる場所**でなければなりません。このような養護的な環境が整えられて、「自己を十分に発揮できる」**教育的な環境**を整えることができます。

（5）子どもの発達について理解し、
　　　一人ひとりの発達過程に応じて保育する

　子どもの発達の姿は、どの子どもも共通した過程をたどっていきます。そこで保育者は、まずその年齢の多くの子どもが示す発達の姿を理解する必要があります。いわゆる「**発達の過程**」です。しかしながら、同じ年齢の子どもを見ると、一人ひとりの子どもの発達は必ずしも一様ではないこともわかります。いわゆる「**個人差**」です。

　そこで、保育者は常にどの子どもにも共通する発達の過程とともに、一人ひとりの発達の特性にも配慮しながら保育をすることが大切です。

（6）子ども相互の関係づくりや互いに尊重する心を大切にし、集団における活動を効果あるものにするよう援助する

　少子化の時代では、保育所や幼稚園で子どもが集団生活をすることができるのは貴重な体験です。

　子ども相互の関係づくりや集団活動を効果的にするためには、遊びが大切です。子どもが最初に経験するのは一人遊びです。子どもが**充実した一人遊び**ができるようになるためには、まず**保育者との信頼関係**を築き、情緒が安定していることが大切です。保育者に見守られながら、保育者と一緒に楽しい遊びを経験することで、充実した一人遊びができるようになります。一人遊びができるようになると、ほかの子どものことに関心を向ける余裕ができます。そして、同じ遊びをするようになり、やがて**保育者の仲立ち**のもとに他児と一緒に遊ぶことができるようになります。子ども同士で遊べるようになると、共通の目的をもって役割分担するなど、協同していくことができるようになります。

（7）子どもが自発的・意欲的に関われるような環境を構成する

　子どもが自発的・意欲的に関われるような環境については、「2．保育所保育指針に示された『環境を通しての保育』」で詳しく書かれていますので、読んでください。

（8）生活や遊びを通して総合的に保育する

　生活や遊びを通して総合的に保育するという保育方法は、「環境を通しての保育」とともに、保育所保育の最も**基本的な保育方法**と言えます。総合的に保育するということについて、具体的に考えてみましょう。そのためには保育所保育の目的、目標、ねらい、内容、育みたい資質・能力、幼児期の終わりまでに育ってほしい姿について確認することが大切です。

　○乳児保育：3つの発達の視点

　　　9のねらい　×　15の内容　×　資質・能力

　○1歳以上3歳未満児の保育：5領域

　　　15のねらい　×　32の内容　×　資質・能力

○３歳以上児の保育：５領域

　　15のねらい　×　53の内容　×　資質・能力

　　幼児期の終わりまでに育ってほしい姿（10項目）

　上からも明らかなように、乳児保育では３つの発達の視点から９のねらい、１歳以上３歳未満児、３歳以上児では５領域の観点から15のねらいを総合的に達成することが大切です。そのために段階ごとに子どもに指導する内容があります。内容は具体的な活動を通して総合的に指導されるものです。

　そして内容が指導される過程において、資質・能力が育まれていきます。

☑　学びのふりかえり

（１）保育の環境の種類を書きなさい。

（２）環境を通して行う保育の留意点を書きなさい。

（３）保育所保育の方法の原理を書きなさい。

［参考文献］

厚生労働省『保育所保育指針解説』フレーベル館，2018年

内閣府・文部科学省・厚生労働省『幼保連携型認定こども園教育・保育要領解説』フレーベル館，2018年

近藤正樹・舟木哲朗・西山啓『幼年期の教育』啓林館，1976年

西久保礼造『観察法による幼児理解』ぎょうせい，1972年

第 **7** 章

保育の計画と評価

保育の計画と評価

1．保育の計画

（1）全体的な計画

保育所保育の全体像を包括的に示した計画

（2）指導計画

全体的な計画に基づき、具体的に作成される計画
　①長期の指導計画
　　　全体的な計画に基づき、具体的な保育が適切に展開されるよう、子どもの生活
　　や発達を見通した計画
　　　　・年間指導計画
　　　　・期間指導計画
　　　　・月間指導計画（月案）
　②短期の指導計画
　　　より具体的な子どもの日々の生活に即した計画
　　　　・週間指導計画（週案）
　　　　・日指導計画（日案）

2．保育の計画、実践、評価、改善

　保育の計画（Plan）に基づく保育（Do）、保育の内容の評価（Check）およびこれに基づく改善（Action）という一連の取り組みにより、保育の質の向上を図る。

3．実習生は、保育所、幼稚園の月案、週案を踏まえて指導案を作成する

1 保育の計画

　保育所は０歳から、幼稚園は満３歳からの子どもを受け入れ、長期間にわたる保育を行っています。子どもの心身の健やかな成長・発達をかなえるためには、**綿密な保育の計画を立てる**必要があります。そこで保育所、幼稚園には**「全体的な計画」**という**総合的・包括的な計画**があります。そしてそれをもとにして**具体的な「指導計画」**があります。指導計画に基づいて保育を行った後に、**保育の評価をし、評価を次の保育へ活かす**ことが大切です。

（1）保育所の全体的な計画と指導計画

　保育所保育指針「第１章　総則　３保育の計画及び評価」では、保育の計画について次のように書かれています。

◇ 全体的な計画 ～～～～～～～～～～～～～～～～～～～～～～～～～～～～

　　保育所は、１の（2）に示した保育の目標を達成するために、各保育所の保育の方針や目標に基づき、子どもの発達過程を踏まえて、保育の内容が組織的・計画的に構成され、保育所の生活の全体を通して、総合的に展開されるよう、**全体的な計画**を作成しなければならない。

　保育所の全体的な計画とは、一言で言えば、**保育の目標を達成するための総合的・包括的な計画**です。

　保育所では、０歳から５歳までの子どもが生活をしていますが、子どもの家庭環境や生育歴、また保育時間や保育期間も一人ひとり異なっています。保育に関わる職員も、保育士はじめさまざまな職種、勤務体制で構成されています。このような状況を踏まえ、子どもの発育・発達を一貫性をもって見通し、発達過程に応じた保育を体系的に構成し、保育に取り組むことが重要です。全体的な計画はそのためにあります。

　全体的な計画は、０歳から５歳までの子どもの発達過程に応じた保育を体系的に構成した計画です。このような全体的な計画に基づき、年齢ごとの具体的な指導計画が作成されます。保育所保育指針では、指導計画について、次のように書

かれています。

◇ 指導計画 〰〰〰〰〰〰〰〰〰〰〰〰〰〰〰〰〰〰〰〰〰〰〰〰〰〰〰〰〰

保育所は、全体的な計画に基づき、具体的な保育が適切に展開されるよう、子どもの生活や発達を見通した**長期的な指導計画**と、それに関連しながら、より具体的な子どもの日々の生活に即した**短期的な指導計画**を作成しなければならない。

具体的な指導計画を作成するためには、まず**長期的な展望に立った年間計画、期間計画、月間計画（月案）などの長期的な指導計画**を作成します。そして長期的な展望と関連しながら、**より具体的な子どもの日々の生活に即した週間指導計画（週案）や日指導計画（日案）などの短期的な指導計画**も作成します。

なお、幼稚園についても同様に、幼稚園の教育目標を達成するために、全体的な計画（教育課程）と指導計画があります。

（2）全体的な計画・教育課程から指導計画への流れ

保育所保育指針や幼稚園教育要領（学校教育法第22条）には保育（教育）の目標が書かれています。その目標を土台にして、各保育所、各幼稚園には独自の保育（教育）目標があります。独自の保育目標を達成するために保育所では全体的な計画を作成し、幼稚園では教育課程を編成します。次は、保育所保育指針の目的、目標と保育所独自の目標との関連性を示し、全体的な計画から指導計画への流れを示したものです。

◇ 保育所保育指針の目的、目標と保育所独自の目標との関連性、〰〰〰〰〰〰〰〰〰 全体的な計画から指導計画への流れ

○保育所保育指針の目的（保育所の目的）
保育を必要とする子どもの保育を行い、その健全な心身の発達を図ることを目的とする。
↓

○保育所保育指針の目標（保育所の目標）
　・大目標：子どもが現在を最も良く生き、望ましい未来をつくり出す力の基礎を培う。
　・具体的目標：「養護（生命の保持及び情緒の安定）」と「教育（健康・人間関係・環境・言葉・表現）」

○Ａ保育所の保育目標
　１．毎日を楽しむ、健康な子ども
　２．豊かな感性を持ち、思いやりのある子ども
　３．さまざまなことに意欲を持ってあきらめない子ども
　※保育所保育指針の目標をもとに、保育所ならではの保育目標（理想的な子ども像）を立てる。

○全体的な計画
　　Ａ保育所の３つの目標を実現するために、全体的な計画を作成する。

○具体的な指導計画
　　全体的な計画をもとに、年間指導計画→期間指導計画→月間指導計画→週間指導計画→日案で保育目標を達成するためのプランを年齢ごとに立てる。

　全体的な計画や教育課程は、所長や園長の責任のもとに保育所・幼稚園の全職員が話し合いをして編成します。なぜならば、職員全員で話し合いをして全体的な計画を作成することで、全員が保育所や幼稚園の保育の見通しをもてるようになるからです。例えば、３歳児クラスを担当する保育者は、全体的な計画の２歳児の発達過程や保育内容を踏まえて、３歳児にふさわしい指導計画を作成することができます。そして作成した指導計画が全体的な計画の４歳児の発達過程や保育内容につながっているかどうかを確認することができます。

　以上のように、全体的な計画や教育課程に基づいて、各年齢担当の保育者が自分のクラスの子どものための具体的な指導計画を作成することができるのです。全体的な計画や教育課程に基づいて指導計画を作成することにより、子どもにふさわしい保育を実践することができます。

（3）学生の皆さんが全体的な計画、
指導計画を学ぶことの意義

　学生の皆さんは、全体的な計画から長期の指導計画、そして短期の指導計画の関連性について理解してください。

　そして学生の皆さんは実習で、部分実習指導案や一日実習指導案を作成する際に、自分の作る指導案が週間指導計画（週案）や月間指導計画（月案）、さらには年間指導計画とつながりをもっていることを確認し、指導案を作成してください。

◇ 全体的な計画、指導計画と実習との関連 〜〜〜〜〜〜〜〜〜〜〜〜〜〜〜〜〜〜〜〜

　　　全体的な計画 → 指導計画 → 部分実習指導計画 → 一日実習指導計画

　　　・保育者は全体的な計画をもとに指導計画を作成する。
　　　・実習生は月間指導計画や週間指導計画をもとに部分実習指導案や一日実習指導案を作成する。

2　保育の過程──計画、実践、評価、改善

（1）保育の質の向上を目指して

　保育所保育指針では、「保育の計画に基づく保育、保育の内容の評価及びこれに基づく改善という一連の取組により、保育の質の向上が図られるよう、全職員が共通理解をもって取り組むことに留意すること」と示されています。保育の計画（全体的な計画・指導計画）に基づいて保育をしたら、保育の内容についての評価をしなければなりません。評価をすることによって、さらに保育の改善がなされていきます。なお、幼稚園教育要領では、これらの一連の取り組みをカリキュラム・マネジメントと呼んでいます。保育の計画から保育実践、そして保育の評価の過程をながめてみましょう。

（2）保育の計画と評価

　日々の保育がどのように行われているか、確認しましょう。次表から明らかなように、最初に保育所の全職員が集まって、０〜５歳までの発達の姿を見通した

全体的な計画を作成します。その全体的な計画をベースにして、各年齢の担当の保育士が年間計画、月案、週案を作成し、日々の保育が行われます。

◇ **保育の計画の流れについてのチェック**

・保育所の全職員で 全体的な計画 を作成する

↓

・全体的な計画をベースに、各年齢担当の保育士が 年間計画 を作成する

↓

・年間指導計画をベースに 月案 を作成する

↓

・月案で立てた内容を、 週案 で実現可能な具体性をもった計画内容として作成する

↓

・ 日々の保育実践をする

↓

・実施した保育内容を日誌に記入し、評価・反省をする

※全体的な計画から年間指導計画→月案→週案→日誌へとそれぞれがつながっている。

※全体的な計画－年間指導計画－月案－週案－日誌はいずれも整合性がとれているか確認する。

　保育の計画に基づいて保育を行ったなら、評価・反省が必要になります。**評価・反省のもとになるのは毎日の日誌（保育の記録）です**。日誌を読むことでその週の評価・反省につなげることができます。

　そして各週の保育の評価・反省が積み重なってその月の評価・反省につながります。さらに各月の評価・反省が積み重なって、その期の評価・反省となります。そして期ごとの評価・反省がすべて終了して、1年間の保育の評価・反省がなされるのです。1年間の評価・反省が、次年度の保育の計画に活かされます。

◇ **各計画の評価・反省をしよう**

・ 日誌 を読んで検証し、 週の評価・反省 をしよう

↓

・各週の評価・反省を検証し、 月の評価・反省 をしよう

　　　　　↓
・各月の評価・反省を検証し、期ごとの評価・反省をしよう
　　　　　↓
・期ごとの評価・反省がすべて終了し、1年間、保育所の保育がどのように
　行われたのかが明確になる

（3）日々の評価・反省の大切さ

　上の表から明らかなように、保育者は日々の保育の評価・反省をベースにしな
がら、日、週、月、期、さらに1年間の保育の評価・反省を継続して行います。
そしてなにより**大切なのは、日々の保育の評価・反省**です。
　保育所保育指針では「保育士等は、保育の計画や保育の記録を通して、自らの
保育実践を振り返り、自己評価する」ことが示されています。保育者にとって毎
日の日誌（保育の記録）を書くことが評価・反省となるのです。
　保育者にとって評価・反省が必要である理由について、倉橋惣三（1882〜1955、
わが国の幼児教育界の理論的指導者として、児童中心の進歩的な保育を提唱し、幼児
教育界の発展に貢献した）は以下のように述べています。

　　子どもが帰った後、その日の保育が済んで、まずほっとするのはひと時。
　大切なのはそれからである。
　　子どもといっしょにいる間は、自分のしていることを反省したり、考えた
　りする暇はない。子どもの中に入り込みきって、心に一寸の隙間も残らない。
　ただ一心不乱。
　　子どもが帰った後で、朝からのいろいろのことが思いかえされる。われな
　がら、はっと顔の赤くなることもある。しまったと急に冷汗の流れ出ること
　もある。ああ済まないことをしたと、その子の顔が見えてくることもあ
　る。……一体保育は……。一体私は……。とまで思い込まれることもしばし
　ばである。
　　大切なのは此の時である。此の反省を重ねている人だけが、真の保育者に
　なれる。翌日は一歩進んだ保育者として、再び子どもの方へ入り込んでいけ
　るから。

（倉橋惣三「育ての心」より）

保育者は一人ひとりの子どもの言動をとらえながら保育をしています。しかしながら、実際に子どもと一緒にいるときは、自分の保育を考える余裕はないでしょう。そして子どもが帰った後で、その日の保育を振り返ることができます。その振り返りの中には、満足できる点もあれば、反省すべき点もあります。さまざまな反省を日々繰り返していくことが保育の質を高めていくことにつながるのです。

　さらに、この**反省を記録に残すことで、自分の保育を明確に意識化し、的確な評価となる**のです。

（4）実習生にとっての評価・反省とは——部分実習を例に

　保育所や幼稚園では、一般に実習生は第1週には観察実習・参加実習を行い、保育所や幼稚園の生活を理解し、子どもたちとも慣れ親しんだところで、第2週に部分実習を行い、最終的には1日実習（責任実習）を経験します。ここでは、部分実習の評価・反省について考えてみましょう。

　部分実習の内容は、絵本の読み聞かせ、紙芝居、手遊びなどからはじまり、次第にパネルシアターや製作、昼食や昼寝の指導など、時間も長く内容も複雑なものになっていくようです。

　例えば、保育者から突然に「絵本を読んで」と言われて行うような保育活動は別にして、どんなに短い時間の部分実習であっても、そのための**指導案（指導計画）を立てて、保育者から指導を受けて実践する**ことになっています。それは、実習生が行う活動であっても、子どもの育ちを援助する大切な保育活動であるからです。例えば15分間の「絵本の読み聞かせ」であっても、実習生は「何を育てたいのか」という目的を明確にし、そのために「どのような絵本を選ぶか」という内容を明確にし、「どのように活動を進めるか」という方法を指導案に書きまとめることが必要です。

　そして、指導案をもとに部分実習にていねいに取り組んだあとは、実習経験を反省し評価することが必要です。わずか15分の部分実習をすることで、実に多くの反省点に気づかされるものです。十分に評価・反省の積み重ねをすることが次の責任実習の土台となります。そして「保育者への成長」にもつながっていくのです。

　次は、実習生が部分実習で書き留めたものですが、どれも貴重な反省点であります。これらの反省点を解決することによって、次回の部分実習、さらには責任

実習に活かすことができ、実習生としての成長につながります。

◇ 部分実習で「絵本の読み聞かせ」をした実習生の反省点 〰〰〰〰〰〰〰

  ・子どもの発達・興味にふさわしい絵本ではなかった。
  ・絵本を読むことだけで夢中になり、一人ひとりの子どものことを気にかけることができなかった。
  ・いきなり絵本を読んだために、子どもの興味をひきつけることができなかった。
  ・絵本を読み終えたらそれでおしまいになってしまい、中途半端な活動になってしまった。
  ・読んでいるときに、子どもから質問を受け、答えるべきかどうか迷ってしまった。
  ・子どもの隊形を気にとめなかった。
  ・絵本を読む前に、子どもの興味づけをするべきであった。

3 学びを実習につなげる——部分実習指導案の作成

　これまでの学習をもとに、実習生の皆さんが実習でどのように部分実習指導案を作成すればよいか、説明します。

　実習を行う保育所には、全体的な計画があり、それに基づいてクラスの指導計画としての年間指導計画、月案、週案があります。実習生が作成する指導案は、この週案との関連が重要です。そこで実習生は、まず週案、できれば月案の「ねらい」を理解し、それを自分の実習指導案に取り入れましょう。**実習園で週案や月案を見せていただきましょう。** それが無理な場合は、担当保育士からその週や月のねらいを聞いてください。

　次に、実習生が作成した部分実習指導案（p.109参照）をもとに、作成の仕方について説明します。この実習生は、指導保育士から見せていただいた月案、週案の「集団で遊ぶ楽しさを経験する」というねらいに着目し、部分実習のテーマにフルーツバスケットを取り入れました。

（１）指導案の種類

作成する指導案の種類を書きます。クラス、子どもの年齢も忘れずに書きましょう。

（２）実習生の氏名

「実習生　氏名」を書きましょう。

（３）日時と時間

部分実習指導案では、実施する日だけでなく、時間も忘れずに書きましょう。

（４）子どもの人数

男児、女児、合計人数を書きましょう。

（５）子どもの姿

週案や月案の「ねらい」をもとに、観察する内容をしぼっておきましょう。実習期間中の幼児をよく観察し、３つ程度書くようにしましょう。そして**子どもの姿、ねらい、主題を必ず関連づけることが大切なポイント**です。

（６）ね ら い

実習期間中の幼児の姿をとらえたら、育てたいねらいを考えましょう。部分実習では、**子ども全員が達成できるねらいを立てましょう**。２〜３人の幼児が達成できるようなねらいは、ねらいとは言えません。ねらいは２〜３つ程度で十分です。

新しい保育所保育指針では、「育みたい資質・能力」を大切にしており、「的確な判断力を養う」というねらいをとりあげています。

（7）主　題

　子どもの姿をとらえ、育てたいねらいが明らかになったら、ねらいにふさわしい活動＝主題を考えましょう。活動する場所（保育室か、園庭か、ホールか）については、指導保育士と相談をしてください。

　ここでもう一度、子どもの姿、ねらい、主題を関連づけているかどうか、確認しましょう。例えば、「幼児の姿」で「元気に園庭で遊んでいる」と書いて、主題で「父の日のプレゼントを作る」などと関連性がないのは困ります。

（8）内　容

　主題と関連するところです。例えば主題は「フルーツバスケット」となっていますが、内容はフルーツバスケットとともに、実習生がフルーツに関連した絵本を読み聞かせることになっています。

（9）時　間（実習の過程）

　部分実習では、実習の過程（流れ）は導入、展開、終末の３つの段階になります。それぞれの段階で、何をどのようにするか、考えましょう。

　　○導入：子どもに「おもしろそう」「やってみたい」「やってみよう」という
　　　　　　活動に対する意欲を起こさせます。
　　○展開：子どもが活動に取り組む段階ですが、保育者（実習生）は子ども全
　　　　　　員を見守りながら、個別指導を重視します。
　　○終末：子どもが「やってよかった」「思い通りにできた」という達成感と
　　　　　　「またやりたい」「もっとうまくやりたい」という次の活動意欲を持
　　　　　　てるようにします。

　見本の部分実習指導案では、10時00分〜10時５分が導入の段階、10時５分〜10時35分が展開の段階、10時35分〜10時40分が終末の段階です。

　部分実習は長い時間でも１時間以内が多いです。したがって、活動としてまとまっていれば、例えば３分、５分といった活動単位でかまいません。

（10）環境の構成

　活動（主題）に即した環境を考えます。主に物の環境の構成が中心となります。幼児の活動にふさわしい環境構成にするために、イスや机の配置、準備する物の数や置き場所、実習生の立ち位置など、具体的に書きましょう。

（11）予想される子どもの活動

　その日の主な活動の様子をイメージして書きます。すべて想像では書けませんが、実習期間中の子どもの姿をもとに「こうなるだろう」と思われる姿を書きましょう。「幼児の活動」ですから、子どもを主語にして書いてください。

（12）実習生の援助

　「幼児の活動」に対する実習生の声かけや援助を書きます。そのために、保育士がどのような声かけや援助をしていたか、その声かけにはどのような意味があったかなど、きちんと理解しておくことが大切です。**集団の子どもへの声かけ**を主に書きますが、**一人ひとりへの声かけや援助**も必要に応じて書きましょう。実習生は「……するように声をかける」のワンパターンの表現になりがちです。表現の仕方にも気を配りましょう。

（13）部分実習の反省

　この欄は忘れがちになりやすい部分です。必ず反省欄を設けて、実習終了後に、反省点を書き入れましょう。**反省点だけでなく、実習の成果も書きましょう。**

　さらに、細かい留意点を部分実習指導案に示された番号にしたがって説明します。
　　①絵本、紙芝居、テーブルシアターでは必ずタイトルを書いてください。
　　②部分実習では「注意事項」を忘れずに書きましょう。例えば、２歳児がハサミを使用する場合、実習生の配慮が必要です。保育室で色水づくりをする場合、水を床にこぼしたら、すぐに雑巾でふきとるといった配慮が必要です。

③細かいことですが、練習するおおよその回数も書きましょう。

④フルーツバスケットのようなルール遊びでは、新しいルールを取り入れて、遊びの発展を考えることも大切です。ただし、どのようなルールを取り入れるか、実習生があらかじめ新しいルールをいくつか考えておき、その場でどのようなルールを提案するか、判断しましょう。

⑤⑥この援助は絵本の読み聞かせだけでなく、紙芝居やパネルシアターなどにも応用できますね。実習生の皆さんはいくつかの部分実習指導案を読んで、参考にできる部分はぜひ、取り入れてください。最初は「まねる」ことから始まり、少しずつ自分のオリジナリティーをだしていくようにしましょう。

⑦ルール遊びでは、ルールの徹底が大切です。実習生が言葉と行動で幼児にルールを理解させるように努めましょう。

⑧全体的な援助だけでなく、個別的な援助も予想されます。個別的な援助も書き入れましょう。

⑨実習生の皆さんは「展開」の段階が終了すると、思わずほっとした気持ちになります。しかしながら、これで終わりではなく、「終末」も大切にしてください。幼児にゲームの感想を聞いて、「またやりたい」という気持ちで、終えることが大切です。

部分実習指導案の立て方

（1）ひまわり組（4歳児クラス）部分実習指導案	（2）実習生　遠藤菜々緒	（3）6月8日（火） 10時00分〜10時40分	（4）男児13名　女児12名 計25名

（5）[子どもの姿]	（7）[主題] フルーツバスケット。
○簡単なゲームを園庭や保育室で楽しんでいる。 ○集団で遊ぶことに喜びを感じている子どもが増えている。 ○前日に八百屋さんごっこで果物や野菜を作ったことにより、果物に興味をもっている。	（8）[内容] 　　○絵本『くだものあーん』の読み聞かせ 　　○フルーツバスケット

（6）[ねらい]
○仲間とともに遊ぶ楽しさを感じる。　　○ルールを守りゲームに参加する。　　○的確な判断力を養う。

（9）時間	（10）環境の構成	（11）予想される子どもの活動	（12）実習生の援助
10：00	○保育室に広いスペースをつくる。 ○実習生の話が聞けるようにイスを並べる。	○イスをもって実習生の前に座る。 ○自分の好きな果物を伝え合う。	○子どもたちにイスをもって集まるように声をかける。絵本の読み聞かせができるように配慮する。 ○子どもたちにどのような果物が好きか聞いてみる。
10：05		①実習生の読む絵本『くだものあーん』をみんなで聞く。	⑤子どもの目の高さに注意し、よく見える隊形、向きを考える。 ⑥子どもたちの反応を確かめながら感情をこめ、落ちついて絵本を読む。
10：10	○果物のカードは紙袋に入れておく。	○実習生が作った果物カードの種類を当てる。 ○実習生から果物カードをもらい、首にかけて、お話を聞く。	○実習生が作った果物カードを子どもたちに当ててみるように促す。 ・果物についてのヒントをだして、子どもの興味を高める。 ○一人ひとりに果物カードを配り、これから楽しいゲームをすることを伝え、子どもたちが興味をもつようにする。
10：15	○子どもたちがイスとイスの間を通ることができるように円形に並べる。	○フルーツバスケットをするために、イスを円形に並べて座る。 ○最初は、フルーツの名前を呼ばれたら、その場に立つというゲームをする。 ・最初はゆっくりと果物の名前を呼ばれるが、少しずつ早くなる。	○イスの間隔をあけて円形に並べるように配慮する。 ○実習生が、一つひとつのフルーツの名前を言い、最初に立った子どもの名前を言う。 ・子どもたち全員がゲームに参加しているか、確認する。

		○新しいルールの説明を聞く。	○新しいルールについてわかりやすく説明する。
		・自分が付けている果物の名前を呼ばれたら、座っているイスから離れ、別のイスに移動する。	
10：25		②イスを使っての注意事項を話し合う。	○ケガなど危険なことがないように、子どもたちに問いかけながら約束事を決める。
		・イスを取り合いしないこと、友達を押したりしないことを約束する。	
		○自分が座っていたイス以外のイスに移動する練習をする。③（各5回以上）	⑦実習生が一つひとつのフルーツの名前を言いながら、子どもたちが別のイスに移動しているか、確認する。
			○自分のイスから立ち、ゆっくりと違う（あいている）イスに移るよう声をかける。
		○イスを1個減らして移動する。	○空いているイスを周りの子どもが教えるよう声をかける。
		○鬼になってしまい、ゲームに参加したくない子どもがいる。	⑧鬼になってしまった子どもには、次に鬼にならないように励ます。
		④新たなルールを取り入れて遊ぶ。	○ゲームの流れをとらえながら、ゲームをさらに発展させるために、新しいルールを取り入れて遊ぶことを子どもたちに提案する。
10：35		○ゲームが終わり、イスにすわり、皆でゲームの感想を話し合う。	⑨子どもたちからゲームの感想を聞く。次回に期待をもたせるように言葉をかける。
10：40		（終了）	

(13) [部分実習の反省]

☑ 学びのふりかえり

（1）次の保育所保育指針の空欄にあてはまる言葉を書きなさい。

- 保育所は、1の（2）に示した保育の（ ① ）を達成するために、各保育所の保育の方針や目標に基づき、子どもの（ ② ）を踏まえて、保育の内容が組織的・計画的に構成され、保育所の生活の全体を通して、総合的に展開されるよう、（ ③ ）な計画を作成しなければならない。

- 保育所は、全体的な計画に基づき、（ ④ ）な保育が適切に展開されるよう、子どもの生活や（ ⑤ ）を見通した長期的な指導計画と、それと関連しながら、より具体的な子どもの（ ⑥ ）に即した短期的な指導計画を作成しなければならない。

- 保育の計画に基づく保育、保育の内容の（ ⑦ ）及びこれに基づく改善という一連の取組により、保育の質の向上が図られるよう、（ ⑧ ）が共通理解をもって取り組むことに留意すること。

［引用文献］

倉橋惣三著『育ての心（上)』フレーベル館，1976年，p. 45

［参考文献］

厚生労働省『保育所保育指針解説』フレーベル館，2018年

文部科学省『幼稚園教育要領解説』フレーベル館，2018年

古橋和夫編著『改訂 子どもの教育の原理』萌文書林，2018年

塩美佐枝編著『保育内容総論』同文書院，2009年

現代保育研究所編『やってみよう 私の保育の自己評価』フレーベル館，2009年

第 **8** 章

子どもの理解に基づく保育

子ども理解と保育の実践

1．乳児の発達のポイントと保育の原理

○視覚、聴覚などの感覚や、座る、はう、歩くなどの運動機能が著しく発達
○特定の大人との応答的な関わりを通じて、情緒的な絆が形成される

受容的、応答的に行われる保育の重要性

2．1歳以上3歳未満児の発達のポイントと保育の原理

○基本的な運動機能、排泄の自立のための身体的機能、指先の機能の発達
　　　　　→食事、衣類の着脱など身の回りのことを自分で行うように
○発声の明瞭化や語彙の増加
　　　　　→自分の意思や欲求を言葉で表出できるように

子どもの生活の安定を図りながら、自分でしようとする気持ちを尊重し、温かく見守るとともに、受容的、応答的に関わることが必要

3．3歳以上児の発達のポイントと保育の原理

○基本的な生活習慣のほぼ自立
○理解する語彙数の急激な増加
○知的興味や関心の高まり
○集団的な遊びや協同的な活動

個の成長と集団としての活動の充実を図る保育

1 子どもの発達過程の理解と保育

　本章では、保育所保育指針や保育所保育指針解説の「発達」と「発達にふさわしい保育」についてくわしく解説しています。さらに学生の皆さんが保育所実習や幼稚園実習で役に立つアドバイスもしています。

（1）保育所保育指針における「発達」とは

　平成20年版保育所保育指針では、「発達」を次のように定義しています。

> 　子どもの発達は、子どもがそれまでの体験を基にして、環境に働きかけ、環境との相互作用を通して、豊かな心情、意欲及び態度を身に付け、新たな能力を獲得していく過程である。

　保育所保育指針では、「発達」をダイナミックにとらえているのがわかります。発達とは、ひと言で言うと「**新たな能力を獲得していく過程＝資質・能力が育まれていく過程**」です。一般に発達というと、例えば「はいはいができるようになった」とか「一語文がいえるようになった」とか、ある時点で何かが「できる、できない」というとらえ方をしがちです。しかしながら、はいはいができるようになった子どもは、保育者や親に励まされながらやがて「立つ」意欲をもつようになります。立つことができるようになった子どもは、さらにつたい歩きをするようにがんばります。このように、子どもの発達を新たな能力を獲得していく過程そのものとして理解することが大切です。

　子どもは自ら発達していく輝かしい存在です。そして自ら発達していく子どもを支援するのが保育者です。

（2）発達過程の基本的理解と保育内容

　保育所保育指針では、発達の過程を大きく乳児期、1歳以上3歳未満児、3歳以上児の3つの時期にわけて、以下のように「基本的事項」として**発達のポイント**を示し、**発達にふさわしい保育の原理**を示しています。

①乳児の発達と保育

　保育所保育指針に示されている乳児の発達のポイントと保育の原理は以下の通りです。

```
［発達のポイント］
　　○視覚、聴覚などの感覚や、座る、はう、歩くなどの運動機能が著しく発達
　　○特定の大人との応答的な関わりを通じて、情緒的な絆が形成される
　　　　　　↓
［保育の原理］
　受容的、応答的に行われる保育の重要性
```

　発達が未分化な乳児期を、身体的発達に関する視点「健やかに伸び伸びと育つ」、社会的発達に関する視点「身近な人と気持ちが通じ合う」、精神的発達に関する視点「身近なものと関わり感性が育つ」の３つの発達の視点からとらえ、合計９のねらいと15の内容で保育が行われます。

②１歳以上３歳未満児の発達と保育

　保育所保育指針に示されている１歳以上３歳未満児の発達のポイントと保育の原理は以下の通りです。

```
［発達のポイント］
　　○基本的な運動機能、排泄の自立のための身体的機能、指先の機能の発達
　　　→食事、衣類の着脱など身の回りのことを自分で行うように
　　○発声の明瞭化や語彙の増加
　　　→自分の意思や欲求を言葉で表出できるように
　　　　　　↓
［保育のポイント］
　　子どもの生活の安定を図りながら、自分でしようとする気持ちを尊重し、
温かく見守るとともに、受容的、応答的に関わることが必要
```

　乳児期は発達が未分化な状況にあり、３つの発達の視点からとらえられていますが、１歳以上３歳未満児になると発達が分化し、５つの領域のねらいと内容で保育が行われます。すなわち健康「心身の健康に関する領域」、人間関係「人と

の関わりに関する領域」、環境「身近な環境との関わりに関する領域」、言葉「言葉の獲得に関する領域」、表現「感性と表現に関する領域」の5領域であり、合計15のねらいと32の内容による保育が行われます。生活や遊びの中で、5つの領域の学びが大きく重なり合いながら、育まれていくのです。

③3歳以上児の発達と保育

　保育所保育指針に示されている3歳以上児の発達のポイントと保育の原理は以下の通りです。

```
[発達のポイント]
　○基本的な生活習慣のほぼ自立
　○理解する語彙数の急激な増加
　○知的興味や関心の高まり
　○集団的な遊びや協同的な活動
　　　　　　↓
[保育の原理]
　個の成長と集団としての活動の充実を図る保育
```

　1歳以上3歳未満児の発達の連続性の上に3歳以上児の保育があります。3歳以上児についてはこれまでと同様に5領域の保育がなされ、15のねらいと53の内容で構成されています。

（3）0歳から6歳までの発達過程

　保育所保育指針では、乳児、1歳以上3歳未満児、3歳以上児の3つの発達過程に分けてそれぞれの発達の特徴について示しています。乳幼児期は心身ともに個人差が大きいので、この区分は同年齢の子どもの均一的な発達の基準ということではなく、一人ひとりの子どもの発達過程としてとらえることが大切です。

　保育者は、子どもがたどる発達の道筋＝発達過程を理解し、一人ひとりの子どもの状態を把握しながら、発達を援助します。

　次表は、平成29年度版の保育所保育指針解説書をベースにしながら平成20年度版保育所保育指針解説の内容を組み入れて作成した発達過程表です。年齢区分ごとに大項目と小項目に区分しています。大項目は、どの子どもも必ず通過しなけ

ればならない発達の道筋です。したがって保育者は一人ひとりの子どもの発達の道筋を見極めながら保育をすることが大切です。小項目は大項目の具体的説明です。

発達過程表

6か月児

大項目	小項目
身体の著しい発達	○母体内から外界への急激な環境の変化に適応する ○首がすわり（4か月）、手足の動きが活発になる ○寝返り（6か月）、腹ばいなど全身の動きが活発になる ○視覚、聴覚などの感覚がめざましく発達する
特定の大人との情緒的な絆	○泣く（1か月）、笑う（3か月）などの感覚がめざましく発達する ○なん語などで自分の欲求を表現する。 ○応答的に関わる特定の大人との間に情緒的な絆を形成する

6か月～1歳3か月未満児

大項目	小項目
運動発達—「座る」から「歩く」へ	○座る（7～8か月）、はう（9か月）、立つ（10か月）、つたい歩きといった運動能力が発達する
活発な探索活動	○腕や手先を意図的に動かせるようになる ○周囲の人や物に興味を示し、探索活動が活発になる
愛着と人見知り	○特定の大人との応答的な関わりにより、情緒的な絆が深まる ○あやしてもらうと喜ぶなどやりとりが盛んになる ○人見知り（8か月）をするようになる
言葉の芽生え	○身近な大人との関係の中で、自分の意思や欲求を身振りなどで伝えようとする ○大人から自分に向けられた気持ちや簡単な言葉がわかるようになる（9か月）
離乳の開始	○離乳食（6か月）から幼児食へ徐々に移行する

1歳3か月～2歳未満児

大項目	小項目
行動範囲の拡大	○歩き始め（1歳3か月）、手を使い、言葉を話すようになり、身近な人や物に自発的に働きかけていく ○歩く、押す、つまむ、めくるなどさまざまな運動機能の発達や新しい行動の獲得により、環境に働きかける意欲を一層高める
象徴機能と言葉の習得	○玩具などを実物に見立てるなどの象徴機能（1歳）が発達し、人や物との関わりが強まる ○大人の言うことがわかるようになる ○自分の意思を親しい大人に伝えたいという欲求が高まる ○指差し、身振り、片言などを盛んに使うようになり、二語文（1歳10か月）を話し始める
周囲の人への興味・関心	○物をやりとりしたり、取り合ったりする姿が見られる（1歳6か月）

2歳児

大項目	小項目
基本的な運動機能	○歩く、走る、跳ぶなどの基本的な運動機能の発達 ○指先の機能の発達 ○食事、衣類の着脱など身の回りのことを自分でしようとする ○排せつの自立のための身体的機能が整ってくる
言葉を使うことの喜び	○発声が明瞭になり、語彙が著しく増加する ○盛んに模倣し、物事の間の共通性を見いだすことができるようになる ○象徴機能の発達により、大人と一緒に簡単なごっこ遊びを楽しむようになる
自己主張	○自分の意思や欲求を言葉で表出できるようになる ○行動範囲が広がり探索活動が盛んになるなか、自我の育ちの表れとして、強く自己主張（第一反抗期）する姿が見られる

3歳児

大項目	小項目
運動機能の高まり	○基本的な運動機能が伸びる
基本的生活習慣の形成	○食事、排せつ、衣類の着脱などがほぼ自立できるようになる
言葉の発達	○話し言葉の基礎ができて、盛んに質問（「なぜ」「どうして」）するなど知的興味や関心が高まる
友達との関わり	○友達との関わりが多くなるが、実際には同じ遊びをそれぞれが楽しんでいる平行遊びであることが多い
ごっこ遊びと社会性の発達	○自我がよりはっきりしてくる（「わたし」「ぼく」と言う） ○大人の行動や日常生活において経験したことをごっこ遊びに取り入れる ○象徴機能や観察機能を発揮して、遊びの内容に発展性が見られるようになる ○予想や意図、期待を持って行動できるようになる

4歳児

大項目	小項目
全身のバランス	○全身のバランスをとる能力が発達し、体の動きが巧みになる（片足跳び、スキップ）
身近な環境への関わり	○自然など身近な環境に積極的に関わる（水、砂、土、草花、虫、樹木など） ○さまざまな物の特性を知り、それらとの関わり方や遊び方を体得していく
想像力の広がり	○想像力が豊かになり、目的を持って行動し、つくったり、かいたり、試したりするようになる
葛藤の経験	○自分の行動やその結果を予測して不安になるなど、葛藤を経験する

自己主張と他者の受容	○仲間とのつながりが強くなる中で、けんかも増えてくる（競争心） ○決まりの大切さに気づき、守ろうとする ○感情が豊かになり、身近な人の気持ちを察し、少しずつ自分の気持ちを抑えられる

5歳児

大項目	小項目
基本的生活習慣の確立	○基本的な生活習慣が身につく
運動能力の高まり	○運動機能がますます伸び、喜んで運動遊びをする（縄跳び、ボール遊びなど） ○仲間とともに活発に遊ぶ
目的のある集団行動	○言葉によって共通のイメージを持って遊んだり、目的に向かって集団で行動することが増える ○遊びを発展させ、楽しむために、自分たちで決まりをつくったりする ○けんかを自分たちで解決しようとするなど、お互いに相手を許したり、異なる思いや考えを認めたりといった社会生活に必要な基本的な力を身につけていく
思考力の芽生え	○自分なりに考えて判断したり、批判する力が生まれる
仲間のなかの一人としての自覚	○他人の役に立つことをうれしく感じたりして、仲間の中の一人としての自覚が生まれる

6歳児

大項目	小項目
巧みな全身運動	○全身運動が滑らかに巧みになり、快活に跳び回るようになる（ボールをつきながら走る、跳び箱を跳ぶ、竹馬に乗る）
自主と協調の態度	○仲間の意思を大切にしようとする ○役割の分担が生まれるような協同遊びやごっこ遊びを行い、満足するまで取り組もうとする ○さまざまな知識や経験を生かし、創意工夫を重ね、遊びを発展させる
思考力と自立心の高まり	○これまでの体験から、自信や予想や見通しを立てる力が育ち、心身ともに力があふれ、意欲が旺盛になる ○思考力や認識力も高まり、自然現象や社会事象、文字などへの興味や関心も深まっていく ○身近な大人に甘え、気持ちを休めることもあるが、さまざまな経験を通して自立心が一層高まっていく

①発達の過程表を実習で活かすために

　保育所保育指針では、乳幼児期の発達を乳児、１歳以上３歳未満、３歳以上の３つの段階にわけています。それぞれの**発達の段階の特徴**を理解したら、さらに各段階の発達のつながり（過程）を理解するために、**年齢ごとの発達の特徴**を知っておくことも大切です。

　保育所実習や幼稚園実習で配属クラスがわかったら、この**「発達過程表」**をぜひ、**予習に役立てて**ください。

　例えば、明日、３歳児クラスで実習をする場合、まず３歳の発達の特徴を学ぶことが必要です。そのためには、保育所保育指針第２章の「３　３歳以上児の保育に関するねらい及び内容（1）基本的事項」を読み、図表の「３歳」のポイントを確認しましょう。さらに、一人ひとりの発達の個人差を考えたとき、同様にして「２歳」「４歳」も読んでおくことが大切です。このようにすることによって、３歳児の発達の特徴を柔軟にとらえることができます。

②領域ごとの発達過程をチェックする

　身体的発達、知的発達、情緒的発達、社会的発達、さらに基本的生活習慣の形成という**領域**に分けて、子どもの発達を眺めることも大切です。

　例えば、「６か月未満」では、子どもは喃語を発するようになり、「６か月〜１歳３か月未満」では**一語文**を、さらに「１歳３か月〜２歳未満」では**二語文**を話すようになり、２歳では語彙が著しく増加するようになります。

③追体験しながら読む

　学生の皆さんが**子どもになったつもりで、それぞれの発達段階をイメージの中で追体験する**のも効果的です。例えば、「６か月〜１歳３か月未満」の子どものように、歩き出して探索活動（いたずら）をしている子どもになってみましょう。「３歳」の子どものように、物の名前を知りたくて盛んに質問する子どもになってみましょう。「４歳」の子どものように、自分の行動や結果を予測して不安になるような葛藤を経験し始めた子どもになってみましょう。

　これらの経験は、学生の皆さんも幼少のころ経験したことがあるかもしれません。自分の幼少期を振り返りながら追体験するのも良いでしょう。

2 個人差に応じた保育

（1）一人ひとりの子どもの発達の理解

　保育所保育指針に示された発達過程は、同年齢の子どもの均一的な発達の基準ではなく、一人ひとりの子どもの発達過程です。一人ひとりの成長の足取りはさまざまですが、子どもがたどる**発達の道筋や順序性は共通**です。どの子どもも、発達過程表の「大項目」に示された発達の節目をたどります。

　しかしながら、注意しなければならないことは、**発達には個人差がある**ということです。子どもは「十人十色」であり、周囲への見方や受け止め方も、周囲への働きかけもすべて個々によって違うものを持っています。したがって、発達過程表の「大項目」の発達の節目が早くあらわれる子どももいれば、遅れてあらわれる子どももいます。また、節目があらわれても、その節目をすぐに経過する子どももいれば、ゆっくりと踏みとどまる子どももいるのです。

　保育者は、子どもの発達の道筋を的確に押さえて、その時期に合った「今」を大切にする保育をすることが大切です。

（2）発達を積み上げていく、
　　　じっくりと発達を成し遂げていく

　例えば、「這えば立て、立てば歩めの親心」ということわざがあります。このことわざは「子どもの成長を楽しみに待っている親の気持ち」を言い表したものです。わが子がはいはいを始めたら、親はそのことを喜びます。親が喜んでいるうちに、やがてわが子が自分の足でしっかりと立ち上がることができるようになり、さらに親が喜びます。やがてよちよち歩きができるわが子を見て、親はさらに喜びます。そこには、**子どもの成長を温かく見守り、じっくりと成長を実現しようとする親の姿勢**が感じられます。

　発達過程表では、「6か月～1歳3か月未満児」の「座る、はう、立つ、つたい歩きといった運動能力が発達する」がこれにあてはまるでしょう。しかしながら、現在の親の中には、「はうようになったかならないうちに、もう立たせようとし、立つようになったら、すぐに歩かせようとするのが親心」と解釈する人がいます。そこには、早く発達することが理想であり、**"育て急ぎ"**の姿勢が感じられます。

ところで**プロの保育者**は、子どもの発達にどのように関わるべきでしょうか。保育者は、一人ひとりの子どもの発達過程を見きわめながら、子どもの自発性にまかせたり、きちんとしつけをしたりして、一つひとつ確実に身につけさせていきます。そのために保育者は、日々の保育を大切にし、その1日が子どもにとってかけがえのない大事なものとなるように努める必要があります。

3 観察と記録に基づく子ども理解

（1）保育者の子ども理解とは

子どもを理解することは**保育の出発点**と言えます。ところで、「保育者」が子どもを理解する場合と「子どもの研究者」が子どもを理解する場合とは、異なっています。

例えば、子どもの研究者は子どもを観察し、後で子どもの行動を分析して、この行動にはこういう意味があると解釈します。また、研究者は、いわゆる発達段階に照らし合わせて個々の子どもの発達状況を判断・評価をします。

一方、保育者が子どもを理解するとは、一人ひとりの子どもと直接に関わり合いながら、子どもの言動や表情から、子どもの思いや考えを理解し、受容しながら、子どもの良さや可能性を理解しようとするものです。

保育者は、**常に子どもと関わり合いながら、子どもを理解する**ことを求められています。保育者の子ども理解を分析的にみると、次の通りになります。

　　・子どもの遊びや生活する姿から、子どもの心の内面を推測してみる
　　・推測したことをもとに子どもに関わってみる
　　・保育者の関わりに対して子どもが反応し、新たなことが推測される

保育者はこのように子どもと関わり合いながら、一瞬のうちに子どもの心を理解することが求められます。**「保育は一瞬の理解である」**と言う人がいますが、これは子ども理解の難しさを指摘した言葉であるとともに、子ども理解の重要性を指摘した言葉でもあります。

（2）観察の方法

　保育者が子どもの言動を理解し、応答するためには、子どもを観察し、記録にとり、読みとることが大切です。子どもを観察する方法はいろいろありますが、**保育者が最も活用するのは自然観察法と教育的観察法**です。

①自然観察法

　自然観察法というのは、**自然に生起する子どもの行動を、そのまま観察しようとする方法**です。この方法では、保育者はいつでも気づいたときに子どもの観察を手軽にできるので、どこの保育所、幼稚園でも行われています。実習生も実習中に普通に行っている方法です。

　この方法では、子どもの自然な行動をとらえることができますが、観察者である保育者は気がついたときだけ観察するので、保育者の価値観や子どもに対する先入観や偏見が入らないように気をつけなければなりません。

　例えば次のM児の観察の事例について考えてみましょう。これは、3人の保育者が、偶然にM児の行動を観察し、簡単な記録にとったものです。

　　　　○A保育者の観察記録：M児はS児と手をつないできて、自分で折り紙がほ
　　　　　　　　　　　　　　しいのにS児に言わせる。
　　　　○B保育者の観察記録：M児はS児と一緒に手をつないでくるが、S児が折
　　　　　　　　　　　　　　り紙をくださいと言う。
　　　　○C保育者の観察記録：M児はS児と一緒に手をつないできて、S児に「言
　　　　　　　　　　　　　　えよ」とささやくと、S児が折り紙をくださいと言
　　　　　　　　　　　　　　う。

　M児の行動を自然に観察した結果を記録にすると、3通りの結果が得られました。

　A保育者の観察記録は、「自分で折り紙がほしいのにS児に言わせる」という記録ですが、A保育者はM児が自分で言わないでS児に言わせているといった先入観でとらえています。そして保育者としては「ほしいのなら自分で言いにきなさい」というしつけをしようとしているのが明らかです。

　B保育者とC保育者の観察記録は内容に多少の違いはありますが、どちらもM児の行動を自然にとらえて観察しているのがわかります。B保育者もC保育者も

観察結果を踏まえてM児の心の内面を把握することになります。もし、この場面だけでM児をとらえることができなければ、M児のほかの観察場面の結果も合わせて考えてみることが必要になります。

②教育的観察法

　教育的観察法というのは、保育場面で**子どもと関わりながら、子どもの行動を観察しようとする**ものです。

　保育所や幼稚園では、保育者は子どもと関わりながら観察し、必要があれば指導や援助を与えています。そこで、子どもと関わりながら、指導や援助を与えて、それに対して子どもがどのように反応するかを観察し、さらに指導・援助を与えて反応を観察するというのが、教育的観察法です。この方法は、**子どもと一緒に遊びや活動をしながら観察する方法**であります。

> ①Ａ児とＨ児がままごとをして遊んでいるところへ、保育者がお客さんになって「こんにちは」といって訪問したとき、２人がどのような反応をするかを観察する。
> ②一人で遊んでいるＳ児に、「先生と一緒に遊ぼうよ」と声をかけて、Ｓ児の反応を観察する。

　①②ともに、保育者が子どもに声をかけたとき、子どもがどのように反応するかをとらえ、さらに保育者が声をかけたときの反応を観察することを繰り返していきます。その際に大切なことは、子どもと関わりながら観察しますが、子どもとの遊びや活動に夢中にならないで、自覚的に観察しながら、問題を正しく感じとる姿勢をもつことです。

（３）観察記録を保育に生かす

　次の観察記録は、ある保育所の３歳児の保育の一場面です。この記録は、保育者が録音機も使用して、保育者と子ども、子ども同士の会話が正確に記録されています。この**観察記録をどのように子ども理解に生かすか**、考えてみましょう。

保育のテーマ：ジャガイモ（シャドークイーン）の観察

○日時　８月９日　10：00～11：30

○状況と背景
　自由遊びの後、３歳児保育室にて。市内の農家で収穫されたジャガイモ（シャドークイーン）をみんなで観察することになった。

［第１場面］
　保育士がジャガイモを子どもたちに見せながら

保育士　　「これ、なーんだ」

　子どもたちは石、うんこ、お菓子などと言う。

A児　　　「おいも？」

保育士　　「おしい！」

B児　　　「じゃがいも？」

保育士　　「正解！」

C児　　　「違うよ！」

D児　　　「色が違う」

E児　　　「形が違う」

保育士　　「じゃがいもってどんな形？」

B児　　　「じゃがじゃがしているの。こんな形！」両手をグーにして出す。

保育士　　「色はどんな色？」

B児　　　「茶色い」

C児　　　「黄色い」

保育士　　「そう。いつもみんなが見たり、食べているのは茶色や黄色だね。それがこのじゃがいもは違うの。ちょっと洗ってみるね」

　　洗ったところで

保育士　　「何色だ？」

B児　　　「黒い！」

保育士　　「中は何色か、切ってみるね」

E児　　　「中も黒いよ、きっと」

　保育士が切ってみると

D児　　　「わーすごい！　紫だ！」

A児　　　「においも嗅いでみよう。（手にとり）じゃがりこみたい！」

　みんなでにおいを嗅ぐことになった。ところがその間にジャガイモの断面から汁が出だして

B児　　　「汁が出た！」

D児　　　「わー、汁も紫！」

［第2場面］

保育士　　「紙にペッタンできるかな？」

A児　　　「できるよ。やってみたい！」

C児　　　「きっと紫なんじゃない」

　そう言って自分が先にやってみると、

C児　　　「やっぱり紫だ」

D児　　　「できた！　まだできるよ」

E児　　　「ハンコみたいだね」

保育士　　「そうだね、ハンコだね。何か形にできるかな？」

C児　　　「三角とか四角とかは？」

　保育士が言われたとおりに切り、

保育士　　「これでどうかな？」

A児　　　「やった！　貸してかして！」

　ほかの子どもたちも次々に言う。
　子どもたちが順番にスタンプをして遊ぶ。

［第3場面］

保育士　　「色水にしたら、どうなるかな？」

　保育士がガラスの容器に水を入れ、その中でジャガイモを揉む。

B児　　　「やっぱり紫だ！」

　しばらくして、色の変化に気づいたC児が次のように言う。

C児　　　「みんな、見て！　色が変わったよ！」

　時間が経つにつれ、色が茶色くなっていくのを子どもたちは真剣に見ていた。

この観察記録は、保育士と子ども、子ども同士の会話が**読み手にイメージでき**
るように再現されています。この内容から、どのようなことを発見したり、学ん
だりすることができるでしょうか。

○保育士の対応について

　　・子どもの興味をとらえて保育する

　　・的確な質問をする

　　・応答的な対応をする

　　・子どもに想像させながら保育を展開する

○環境構成について

　　・本物のジャガイモ（シャドークイーン）を見せること（事物体験）の効果

○子どもについて

　　・子どもは興味を持った対象に集中する

　　・体験を通して学ぶことが大切である

　　・わくわく、ドキドキする体験が必要である

　　・子どもは言葉で、体で表現する

○資質・能力

　　・体験を通してさまざまな気づきを発表しあう

　　・体験を通して考える

　　・体験を共有する

○反省点

　　・シャドークイーンについてよりわかりやすく知らせるために、男爵やメー
　　　クイーンのジャガイモも見せても良かったか

☑ 学びのふりかえり

（1）乳児、1歳以上3歳未満児、3歳以上児それぞれの発達の特徴と保育の要点について説明しなさい。

（2）自然観察法、教育的観察法それぞれについて理解し、実習で活用しよう。

［引用文献］

保育総合研究会監修『新保育所保育指針サポートブック』世界文化社，2008年

［参考文献］

厚生労働省『保育所保育指針解説』フレーベル館，2018年

厚生労働省編『保育所保育指針解説書』フレーベル館，2008年

山下俊郎『幼児心理学』朝倉書店，1981年

発達科学研究教育センター『乳幼児発達スケール』発達科学研究教育センター，2012年

民秋言編『幼稚園教育要領・保育所保育指針・幼保連携型認定こども園教育・保育要領の成立と変遷』萌文書林，2017年

第 **9** 章

地域社会で行う
子育ての支援

子どもと子育てに優しい社会を目指して

１．保育所の子育て支援

（１）保育所を利用している保護者に対する子育て支援

①日常の保育に関連したさまざまな機会を活用して保護者と相互理解を図ること
②保育の活動に対する保護者の積極的な参加を促すこと
③保護者の就労と子育ての両立を支援するために、保護者の多様化した保育の需要に応じること
④子どもに障害や発達上の課題が見られる場合には、保護者に対する個別の支援を行うこと
⑤外国籍家庭など、特別な配慮を必要とする家庭の場合は、個別の支援を行うこと
⑥保護者に育児不安が見られる場合は、個別の支援を行うこと
⑦保護者に不適切な養育が見られる場合は、市町村や関係機関との連携をとり適切な対応を図ること
⑧虐待が疑われる場合には、市町村または児童相談所に通告し、適切な対応を図ること

（２）地域の保護者等に対する子育て支援

①地域に開かれた子育て支援（保育所の保育に支障がない限りにおいて）
②地域の関係機関等との連携

２．幼稚園の子育て支援──幼児期の教育のセンターとして

①保護者や地域の人々に機能や施設を開放すること
②幼児期の教育に関する相談に応じたり、情報を提供したりすること
③未就園児と保護者の登園を受け入れること
④保護者同士の交流の機会を提供すること

　この章では、保育所、幼稚園、その他の保育施設における子育て支援、さらに地域のさまざまな事業所の子育て支援について取り上げています。**子どもと子育てに優しい社会**を目指して、保育施設だけでなく、地域のさまざまな場所で、子育て支援が行われています。

1 保育所における子育て支援

　保育所保育指針「第1章　総則」で、「保育所は、保育を必要とする子どもの保育を行い、その健全な心身の発達を図ることを目的とする」と示しています。「保育を必要とする」というのは、保護者が労働や疾病、家族の介護などのために、子どもの保育（育児）ができないと認められた状態のことです。したがって、保育所に入所している子どもの保護者にとっては、安心して子どもを託すことができる**保育所の存在それ自体が、大きな子育て支援**と言えます。

　さらに「第1章　総則」では、保育所の役割として、子どもの保育とともに、保育所に入所している子どもの保護者に対する支援、そして地域の子育て家庭に対する支援も掲げています。したがって保育所は二通りの保護者を対象として子育て支援を行っています。**保育所に入所している子どもの保護者の支援と、入所していない子どもの保護者の支援**です。

（1）保育所を利用している保護者に対する子育て支援

　保育所を利用している保護者に対する子育て支援として、以下の支援をあげることができます。

①日常の保育に関連したさまざまな機会を活用して　保護者と相互理解を図ること

　送迎時の対応、相談や助言、連絡や通信、会合や行事など、多くの機会を活用して、普段から保護者との相互理解を図ることが大切です。

②保育の活動に対する保護者の積極的な参加を促すこと

　一般に行われている**保育参観**だけでなく、普段の保育に保護者が参加する**保育参加**も大切です。保育参加を通じて保護者は、子どもの遊びや言動の意味を理解することができます。保育士の子どもへの関わりを見て、子どもへの接し方の参考にすることもできます。また、ほかの子どもを見ることにより、子どもの発達の見通しをもつこともできます。

③保護者の就労と子育ての両立を支援するために、
　保護者の多様化した保育の需要に応じること

　保護者の仕事と子育ての両立を支援するために、保育所は保護者の多様な保育のニーズに応じています。例えば、ほとんどの保育所は**延長保育**を行っており、**病児保育**を行っている保育所も増えつつあります。ただし、これらの子育て支援を行う際には、保護者の意向だけでなく、**子どもの福祉を尊重**しなければなりません。

④子どもに障害や発達上の課題が見られる場合には、
　保護者に対する個別の支援を行うこと

　障害や発達上の課題が見られる子どもの保育にあたっては、**家庭との連携を密にする**とともに、保護者を含む家庭への援助に関する**計画や記録を個別に作成する**ことが必要です。

⑤外国籍家庭など、特別な配慮を必要とする家庭の場合は、
　個別の支援を行うこと

　保育所には、**外国籍家庭**や**外国にルーツをもつ家庭**、**ひとり親家庭**、**貧困家庭**など、特別な配慮を必要とする家庭があります。それぞれの家庭の状況に応じた**個別の支援**が必要です。

⑥保護者に育児不安が見られる場合は、個別の支援を行うこと

　少子化や核家族化、地域内におけるつながりの希薄化が進む中で、**子育てに不安を抱く保護者**もいます。このような保護者に対して、保育士等が**専門性を生かした支援**を行い、必要に応じてほかの機関と連携しての支援も必要になります。

⑦保護者に不適切な養育が見られる場合は、
　市町村や関係機関との連携をとり、適切な対応を図ること

　保育士は日ごろから保護者との接触を十分に行い、保護者と子どもとの関係に気を配ることが大切です。しかしながら、保護者に**不適切な養育**が見られ、保育士による対応では限界があると判断した場合は、市町村をはじめとした関係機関との連携のもとに、**子どもの最善の利益を重視した支援**を行うことが大切です。

⑧虐待が疑われる場合には、市町村または児童相談所に通告し、
　適切な対応を図ること

　児童虐待防止法では、**虐待の通告義務**が保育所や保育士等にも課せられています。したがって虐待が疑われる場合は、**市町村や児童相談所への速やかな通告**とともに、連携、協働が求められます。

　以上のように、保育所を利用している保護者に対する子育て支援だけでも、これだけ多くの支援が保育士に求められています。

（2）地域の保護者等に対する子育て支援

①地域に開かれた子育て支援

　保育所保育指針では、次のように保育所の３つの役割を示しています。

　　　○入所する子どもの保育
　　　○入所する子どもの保護者に対する支援
　　　○地域の子育て家庭に対する支援

　保育所の重要な役割の一つとして、**地域の子育て家庭に対する支援**があります。そして、保育所保育指針では、地域の保護者に対する子育て支援について次のように示しています。

　　　その行う保育に支障がない限りにおいて……**保育所保育の専門性を生かした子育て支援**を積極的に行うよう努めること。

　保育所は、通常の保育に支障をきたさない範囲で、地域の保護者に対しての子育て支援を積極的に行うように努めることが大切です。
　地域の保護者への子育て支援としては、主に**保育に関する情報提供と相談及び助言**を行うことです。例えば、基本的生活習慣の自立に関することや、遊びや遊具の使い方、子どもとの適切な関わり方などについて具体的に助言することができます。また、育児講座や体験活動など、保育所の特色を生かした取り組みもできます。
　地域の実情に応じた子育ての一環として、**一時預かり事業**や**休日保育**などがあ

ります。これらの実施にあたっては、子どもが無理なく過ごすことができるような配慮が必要です。

　ある保育所では、地域の保護者を対象にして次のような子育て支援を行っています。

　　　○身体測定：看護師や保育士に子どもの成長や、親の心身について相談できます。
　　　○栄養相談：試食会を開催して、離乳食への知識、食への関心を親子で持てる機会を提供します。
　　　○母親講座：月齢や年齢に応じた子育ての方法についての講座を実施するとともに、親同士の交流の機会をもちます。
　　　○父親の育児参加：男性保育士がリードをとって、父親が子どもと一緒に遊ぶ機会、父親同士の交流の場を提供します。

②地域の関係機関等との連携

　保育所は、地域の実情を踏まえて、地域に応じた子育て支援を行うことが望まれます。そのためには、**地域の関係機関との連携や協働**、子育て支援に関する**地域のさまざまな人材の活用**が求められます。とくに、保護を必要とする子どもへの対応に関しては、要保護児童対策地域協議会など関係機関との連携および協力により取り組むことが大切です。

　保育所が連携をとる主な地域の関係機関として、以下の機関をあげることができます。

　　　○地域子育て支援センター　　○ほかの保育所　　○小中学校
　　　○病院　　○保健福祉センター　　○療育センター　　○児童相談所
　　　○民生委員・児童委員会　　○地域の住民

　地域の子育て支援は保育所だけではなく、関係機関との連携や専門性を生かした支援を行うことが望ましいのです。各機関との交流を通じて、地域での総合的な子育て支援を展開できるように努めることが大切です。ある保育所では、地域の関係機関との連携により、次のような子育て支援を行っています。

　　　○栄養士による離乳食作り講座・アレルギーの情報提供

○近隣の公共施設や福祉施設の情報を開示支援
○地域の学校からインターンシップやボランティアの受け入れ
○地域のお年寄りとの定期的な交流

2 幼稚園における子育て支援

幼稚園における子育て支援については、幼稚園教育要領第3章「教育課程に係る教育時間の終了後等に行う教育活動などの留意事項」に以下のように示されています。

> 幼稚園の運営に当たっては、子育ての支援のために保護者や地域の人々に**機能や施設を開放して**、園内体制の整備や関係機関との連携及び協力に配慮しつつ、幼児期の教育に関する**相談に応じたり**、**情報を提供したり**、**幼児と保護者との登園を受け入れたり**、**保護者同士の交流の機会を提供したり**するなど（略）、**地域における幼児期の教育のセンターとしての役割**を果たすよう努めるものとする。

（1）幼児期の教育のセンターとして、
　　 幼稚園の子育て支援の種類

幼稚園は**地域における幼児期の教育のセンター**としての役割を果たすために、さまざまな子育ての支援をすることに努めることになっています。

①保護者や地域の人々に機能や施設を開放すること

在園児家庭には、**預かり保育**を実施したり、**保育参加**などで子育ての場を提供しています。在園児家庭にも未就園児家庭にも、週末に園庭や園舎を開放して、親子が安全に安心して遊ぶことができる場を提供しています。

②幼児期の教育に関する相談に応じたり、情報を提供したりすること

子どもへの関わり方や子育てについて悩みや不安を感じている保護者には、保育者が**気軽に相談に応じています**。また、保護者を対象に、保育者や保育の専門家による子育てに関する**講演会**を実施したり、**子育てに関する情報を提供**しています。

③未就園児と保護者の登園を受け入れること

未就園児（3歳未満児）の親子登園で、保護者が子どもとの遊び方・関わり方などを学ぶことにより、未就園児と保護者との温かなつながりをより深めることができます。

④保護者同士の交流の機会を提供すること

在園児家庭の保護者も未就園児家庭の保護者も一人で子育てに悩まず、よりよい子育てをするために、幼稚園では、保護者同士の関わりの場を提供しています。さまざまな人との関わり合いから、育児についての情報を得ることができ、いろいろな子育ての姿を見て学ぶことができます。

（2）幼稚園の子育て支援の一例
——子育て支援の役割を担う保育参観

保護者は、自分の子どもが幼稚園でどのように過ごしているのか、大変気になるものです。幼稚園の保育参観は、保護者に子どもの様子を伝える絶好の機会でもあり、子育て支援の機会でもあります。

①情報提供

保育参観により、保護者は、じかにわが子の様子を見ることができます。ほかの子どもを見ることにより、その年齢の発達について理解することができます。保育者が子どもに関わる様子を見ることにより、適切な子育てのあり方を学ぶこともできます。このように、**保育参観は保護者にさまざまな子育ての情報を提供**します。

②相談に応じる

保育参観日に行われる**懇談会**では、ほかの保護者からの子育ての工夫などの情報が、自分の子育ての不安の軽減になることがあります。また保育者との**個人面談**で子育てについての相談をすることもできます。

③保護者同士の交流

保育参観で、**保護者同士が気軽に話し合い**をしながら子育ての不安を軽減するとともに、保護者同士の交流が深まり、親しい関係が育つこともあります。

④保護者の教育活動への参加

　保育参観をきっかけにして、保護者の中には、幼稚園で絵本の整理や読み聞かせをしたり、保育室や園庭の環境整備をするなど、**ボランティア活動**を積極的にする人もいます。

　普段の保育参観は主に母親が参加しますが、幼稚園では**父親参観**の日も設けています。父親参観がきっかけで、父親同士の交流が深まり、父親の保育ボランティア活動も生まれ、ときには園外活動で父親と子どものサークルで焼き芋大会やハイキングを行うなど、さまざまな父親と子どもの交流を深める機会を設けています。

　以上のように、保育参観が保護者の子育て支援の重要なきっかけになっているのです。

3 幼稚園、保育所、幼保連携型認定こども園以外の施設で行われる子育て支援

　幼稚園、保育所、幼保連携型認定こども園以外の子育て支援施設として最も普及しているのは、一般に**子育て広場**とよばれている施設です。これは厚生労働省が**地域子育て支援拠点事業**として実施しています。地域の身近なところで子どもや保護者が相互交流を行う場所を開設し、**子育てについての相談、情報提供、助言等を行う施設**です。

（1）松戸市の子育て支援施設

　千葉県松戸市では、地域子育て支援事業として、市内全域に19か所の**親子同士の交流の場**として「おやこDE広場」を設置しています。おやこDE広場には、松戸市認定子育てコーディネーター（松戸市が養成）がいて、来場する**親子の保育サポート**をしています。また、室内には、充実した遊具や絵本、ゆったりと遊ぶことができる空間、授乳・おむつ替えのスペースも確保されており、親子がくつろいで過ごすことができます。

①自由に開放された広場

　親子DE広場では、無料で**親子の遊び場を開放**しています。広場にはスタッフがいますが、親子で遊ぶ姿を見守り、危ない場面など必要なときだけ関わるよう

に努めています。ゆったりとした場や時間の中で、親と子どもとの共感の世界を大事にしています。

　また、親はスタッフである松戸市認定子育てコーディネーターに気軽に育児の悩みを話すこともでき、**必要なときに支援を受ける**こともできます。

②親子同士の交流と世代を超えて触れ合える場

　親子がゆったりとくつろぎながら、**親同士、子ども同士が親しくなるきっかけ**も大切にしています。例えば、ランチタイムには、手作りのお弁当の親子も市販のお弁当の親子も、みんなで一緒にテーブルを囲んで食事を楽しみます。

　また、広場によっては、近隣の中学生がボランティアで参加して、子どもと遊ぶことも行われています。定期的に近隣の大学の保育者志望の学生が絵本の読み聞かせや手遊び、歌などを披露してくれる広場もあります。このように世代を超えて地域の人たちが触れ合いながら、子育て支援の輪が広がっていくことで、**子育てしやすい街づくり**を目指しています。

4　地域の人たちによる子育て支援

　いわゆる子育ての施設だけではなく、最近は多くの人がそれぞれの立場で地域の子育て支援に携わっています。一例をあげると次の通りです。

（1）市営住宅──子育て仕様の居室に改修

　京都市では、2016年に、人口減少対策として子育てしやすい環境を整えるため、老朽化している市営住宅の居室を若者世帯向けに再生しました。3 LDKを2 LDKにしたり、生活防音対策を強化したりして家族の団らんを重視した間取りに改修しました。

（2）タクシー会社──子育て支援タクシー

　地域の子育てを応援しようという目的で、全国子育てタクシー協会（神奈川県横浜市）では、共働き世帯のために、保育所や塾に通う子どもが一人でも安心して利用できるシステムを作っています。

（3）地下鉄——電車の停車時間の延長

地下鉄のホームで、ベビーカーをドアに挟んだまま電車が発車した事故を受け、地下鉄会社では、車掌の安全確認作業に余裕をもたせるため、一部駅での停車時間を５〜10秒延長することに決定しました。

（4）コンビニエンスストア——絵本の読み聞かせ

有名なコンビニエンスストアのチェーン店では、定期的にオリジナル童話絵本を無料配布し、あわせて絵本の読み聞かせ会を行うことにより、地域の子育ての一翼を担っています。

紹介したのはほんの一部ですが、地域のさまざまな場所が、子育て支援を担っています。

5 学生にできる子育て支援

保育者を目指す学生の皆さんにできる子育て支援について考えてみましょう。

（1）実習を通じての子育て支援

学生の皆さんが子どもと接するのは、主に幼稚園や保育所での実習のときでしょう。実習は言うまでもなく幼稚園教諭免許や保育士資格を取得するために必要ですが、視点を変えてみると、学生の皆さんも**実習を通じて子育て支援の一端を担っている**と言えます。実習生である皆さんも、子どもの心と体の育ちに関わっていることを忘れないでください。

（2）ボランティア・マインドを発揮して

保育所でも幼稚園でも幼保連携型認定こども園でも、**地域のニーズにふさわしい子育て支援をする**ことが大切です。しかしながら、子育て支援をどこまでしたらよいかという制限を設けることはできません。最終的には、**保育者の子育て支**

援に対する態度＝ボランティア・マインドが求められるのです。

　そこで学生の皆さんにお願いしたいことは、身近なところで、子どもと子育て中の親（とくに母親）への**ちょっとしたボランティアを実践する**ことです。例えば、駅で困っている親子に自分から声をかけてお手伝いをしてあげてください。

　次に、**地域の子育て支援施設でのボランティア**をしてみてください。子育て支援を直接の目的としているので、そこでは親子の関わりを見たり、子育ての専門家の何気ないアドバイスを聞いたりすることができます。さらに皆さんがそこに来た子どもたちを少しの間だけでも、一緒に遊んであげることが、親子への支援になります。

　さらに、**幼稚園や保育所などの保育施設でのボランティア**も経験してください。実習とは異なる体験をすることができます。

（3）地域を理解する

　学生の皆さんが住んでいる**地域（市町村）の子育て支援について、調べてみましょう**。例えば、地域のホームページで「子育て支援」の箇所をチェックしてください。地域の幼稚園や保育所で、それぞれの**園の特色を生かした子育て支援**が行われていることがわかります。また、その他の施設の子育て支援についても知ることができます。

　さらに、**地域の企業のホームページ**で、例えば「**地域貢献**」「**社会貢献**」について調べてみましょう。その中に、**企業の特色を生かした子育て支援**に関連する取り組みを紹介しているところもあります。

　このように、**子育て支援は、地域社会全体で取り組まれている**ことを理解してください。

☑　学びのふりかえり

（1）保育所を利用している保護者に対する子育て支援について、箇条書きで書きなさい。

（2）次の幼稚園教育要領の空欄に当てはまる言葉を書きなさい。

幼稚園の運営に当たっては、子育ての支援のために保護者や地域の人々に機能や
（　①　）を開放して、園内体制の整備や関係機関との連携及び協力に配慮しつつ、
幼児期の（　②　）に関する相談に応じたり、（　③　）を提供したり、幼児と保護
者との（　④　）を受け入れたり、保護者同士の（　⑤　）の機会を提供したりす
るなど、幼稚園と家庭が一体となって幼児と関わる取組を進め、地域における幼児
期の教育の（　⑥　）としての役割を果たすよう努めるものとする。

［参考文献］
厚生労働省『保育所保育指針解説』フレーベル館，2018年
文部科学省『幼稚園教育要領解説』フレーベル館，2018年

第 **10** 章

障害児を受け入れる保育

障害のある子どもの保育

1. 障害の種類について

　　自閉症（自閉スペクトラム症／広汎性発達障害）

　　ADHD（注意欠如・多動症／注意欠陥多動障害）

　　LD（限局性学習症／学習障害）

　　知的障害

　　保育所で関係する主な障害の種類受け入れ保育所数と受け入れ児の人数推移

2. 障害児保育の実際

　　インクルーシブ保育

　　個別指導計画

3. 保護者および関係機関との連携

　　乳幼児健康診査（乳幼児健診）

　　保護者の養育状勢（マルトリートメント／虐待）

　　保護者との連携と関係機関

4. 特別な配慮が必要な子ども

　　さまざまなアレルギーを抱える子どもたち

　　なにか「気になる」子ども

　　　　インリアルアプローチ（子どもたちと関わる際の心得）

　　子どもの視線

　　　　目を見ないで会話をする子どもたち

　本章で示す「障害児保育」は、主に保育所・幼稚園・認定こども園（以下、保育所など）などの乳幼児施設で生活をする子どもたちへ行われる保育について述べています。ここでは、対象となる子どもだけではなく、その保護者や社会背景などを交えて内容をまとめています。

1 障害児保育について（障害の理解）

　わが国での障害児保育は1960年代半ばに、当時の中央児童福祉審議会において障害児の教育を保障しようという流れを受け、全国規模の教育権保障運動が展開されました。その後1970年代に入ると、「心身障害児通園事業実施要綱」が定められ、障害児の就学前通園教育が認められるようになっていきます。そして

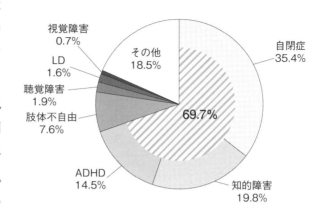

図1　障害児の種類別内訳
日本保育協会調査研究結果2015（平成27年度）より作成

1974（昭和49）年には「**障害児保育事業実施要綱**」の策定を経て、**指定保育所での受け入れが開始**されました。さらに1978（昭和53）年には「一般保育所における障害児の受け入れについて」という通知が当時の厚生省児童家庭局より出され、それを契機として保育所での障害児受け入れが増加していったといわれています。

　一言に「障害」といっても、その様子を簡潔に示すことは非常に困難です。そのため日本保育協会の報告をもとに内容を整理していきましょう。日本保育協会は障害児保育の現状について、全国の保育所へ質問紙調査やヒアリングを実施しています。そこでは主だった障害の種類を質問紙に記載し、受け入れ数の実態を各保育所から回答を募り集計しています。その結果、自閉症の割合が全体の在園障害児数の中で最も高く、35％ほどを占めていました。次いで知的障害、ADHDの順となっており、いわゆる知的障害やコミュニケーション障害を伴う**発達障害児の割合が全体の半数以上**であることがわかりました（図1）。これは内閣府が2010（平成22）年にまとめた「障害の種類・程度別受け入れ児童数」と類似した結果でした。

（1）自 閉 症

自閉症はコミュニケーション障害ともいわれ、他者への関わりに困難さを示し

たり他者の意図を感じとることが難しい傾向にあります。また、他者と視線が合いにくいことも特徴の一つといえるでしょう。身体的な異常など、外的な障害の特徴があるわけではないため、生後すぐに診断されるという障害ではありません。健常児は生後12か月頃から指さしや模倣が出始めますが、自閉傾向の子どもは**それらの行動が生起し難い**ことがあります。1歳半健診で自閉症の可能性や言葉の遅れが認められた際に、精密検査（再検査）を勧められる場合があります。しかし、日本での正式な自閉症の診断は、ほとんどが3歳以降とされています。

（2）ＡＤＨＤ（注意欠陥多動性症候群）

ADHD児の特徴には不注意、多動性、衝動性などがあります。集中力が続かない、落ち着きがないといった様子は、幼児期の子どもにはよくみられる行動だと思います。しかし、ADHD児の場合には、集団生活の場で年齢や個人差を踏まえた発達にふさわしくない行動が**自分の意思とは関係なくあらわれてしまう**特徴があります。保育の現場では、順番を待つことや他児の気持ちになって考えるといった場面が日常的に存在します。そうした場面では身体が勝手に動いてしまう特性上、友達に嫌な思いをさせることがあります。保育者は障害の特性と程度を把握し、対象児へ適した言葉かけと周囲の子どもたちへの支援を考慮し保育に向かうことが大切です。

（3）ＬＤ（学習障害）

LDは一般的に学習障害といわれます。そのため就学前よりも就学後に診断される傾向にあります。この障害は、**全般的な著しい知的発達の遅れはみられません**。読む、話す、聞く、書く、計算、推論などの基本的学習スキルのうちの一つあるいは、複数に困難さを示すことが特徴です。LDは外見や日常行動から他人が気づくケースは多くありません。そのため当人の努力不足や保護者のしつけの問題という誤った解釈をされることがあります。就学前にあたる保育現場では、次のような行動が**気づき**になる可能性がありますので注視が必要です。例えば、生活発表など自分の話をする際に、（緊張からではなく）筋道をたてて話すことが難しい場合があります。そうした際に保育者は話を急がすのではなく、タイミングをみて言葉をかけて本人が自信を持てるように支援を行いましょう。また、園庭などで転倒したり友達とぶつかったりすることが頻繁に起こります。これは他

児への行動予測の困難さから生じるものです。しかし、「平仮名が読めないしほかの人の話も聞けないからLDだ」とすることは賢明な判断とは言えません。保育者は対象児の困難さを理解することと同時に、その**子どもの得意分野を生かして苦手箇所を補う支援**を保護者や専門機関と連携し探っていきましょう。

（4）知的障害

知的障害は染色体異常や脳形成障害を起因とする**病理型**、出生後の頭部外傷による**後天的事故**、生育環境により知的発達が遅れる**心理・社会的要因**など、その発生はさまざまです。知的障害児は抽象的な概念の理解が苦手で、複数の事柄を同時に処理することが難しい傾向があります。保育現場では、子どもに具体的でわかりやすい言葉で伝えることや、物事の一部分を本人の力で達成し自己肯定感を高める援助が望ましいでしょう。そして、「今週はここまでできたから来週は次の段階まですすめよう」というスモールステップも重要な支援の一つです。

ここまで述べてきました障害児保育ですが、わが国では昨今、障害を持つ乳幼児の数が増えているという報告があります。そして、障害児の受け入れを行う保育所も同時に増加傾向にあります（図2）。また、これまでには主に看護師が

図2　障害児保育を実施している保育所数と受け入れ児数
子ども・子育て支援新制度「障害児保育の概要」(内閣府, 2018) より作成

行っていたケアの一部について、条件付きで保育者が行えるように制度面の改革が行われています。その他、療育支援加算や障害児保育加算、保育環境改善等事業などの施策が行われています。そうした中で、障害がある子どもたちにとって、保育所などでのより良い保育環境とはどういったものなのでしょうか。

保育現場における障害児保育の実際

（1）インクルーシブ保育とは

　障害児保育に関するさまざまな文献を読むと「インテグレーション保育」「統合保育」「インクルーシブ保育」「インクルージョン保育」など、似たような言葉を目にします。整理すると「障害を認めた上で健常児と同じ生活環境の中で保育を行っていく」とするのがインテグレーション（統合保育）の考えであるといえます。一方、インクルーシブ（インクルージョン）保育は「障害の有無にかかわらず子どもたち一人ひとりの特性を見据え、クラス単位あるいは、園全体の子どもたちを包括的に保育する」というように区分されます。つまり子どもたちの多様性を認め、全園児が集団の中で成長していくことを期待し、**「包含保育」という視点に立って生活を保障していくこと**を基本としています。このような考えのもと日々の保育を行っていくことで、子どもたちは「障害」というものを自然に理解していきます。すなわち、就学後に初めて障害がある他者と出会い健常児との違いを受け入れるという感覚ではなく、就学前から同じ保育室で生活を共にすることで、当然のこととして自身に蓄積されていくのです。

（2）個別指導計画

　教育を行う現場で保育者たちは、子ども一人ひとりの特性や日々の変化を感じながら支援を行っています。その営みを保育者の経験のみで対応するのではなく、記録として残すことにより対象児への継続的な関わりが可能になります。子どもたちが自分で行える活動や行動の予測を立て、苦手な分野と得意な面を見いだすことも重要な支援です。こうした記録について計画した書面が**個別指導計画**とよばれます。具体的内容については、対象児個人の成長や特性に適した関わりの検討、社会性や集団の場での配慮などを念頭に作成します。保育所保育指針では、

第1章3項「保育の計画及び評価」の中で、「障害のある子どもの保育について
は、一人一人の子どもの発達過程や障害の状態を把握し」とあり、障害の程度や
個人の症状の違いを理解し、個々に応じた対応をとることについて述べています。
さらに、「家庭や関係機関と連携した支援のための計画を個別に作成する」と記
されています。そこで、入園前には必ず保護者から生育・既往歴をうかがい、入
園した後も連絡帳や定期的な面談などを通じて保護者との連携に努めていくこと
が大切です。

☆個別指導計画の例（日案／部分指導案）

【 年 齢 】：4歳児／A介（多動傾向）
【家族構成】：母親と本児、妹の3人家族。妹は本園○○組（2歳児クラス）
　　　　　　　に在園中。妹は多動などの行動特性は、現時点では認められな
　　　　　　　い。

201X年3月○日（月）		担任	○○○○
対象児	A介 ○○組　4歳児 （多動傾向）	ねらい	みんなと一緒に最後まで行動し誕生児を祝う。いつもとは異なる雰囲気をA介なりに感じ、誕生日という特別な出来事を考えるきっかけにする。
		活動内容	3月生まれの誕生日会。全園児がホールに集まり祝う。

時間	環境構成	活動内容と予想される動き	保育上の配慮事項
10：10 （はじめ）	[ホール集合隊形] 誕生児椅子／ステージ／スロープ／5歳児／4歳児／A介／加／0歳児 加＝加配保育者	・集合を待つクラスがある。 ・A介は周囲を見渡したり立ち上がったりする。 ・全員が揃い、司会の園児が開会の挨拶をする。 ・誕生児が入場する。 ☆A介が興奮し過ぎないように見守る	・全体が揃うまで手遊びを行い待つ。 ※誕生会やケーキなど、期待が膨らむ内容にする

時刻		予想される子どもの活動	保育者の援助・配慮
10：20 （なか）		・担任が一人ずつ誕生児へお祝いの言葉をカードにして渡す。 ・A介がステージにあがろうとする。 ・全体でバースデーソングのプレゼントをする。	・待ち続けた日であるためとくに気持ちに寄り添った言葉かけを行う。 ☆できるだけもとの場で祝うようA介に伝える
10：40 （おわり）		・A介も楽しそうに歌う。 ・司会の園児が閉会の挨拶をする。	・未満児よりクラスへ戻るように周知する。

☆＝加配保育者の動き

3 保護者および関係機関との連携

（1）健診について

　わが国の母子保健事業の根幹をなすものとして、**乳幼児健康診査（乳幼児健診）** があります。これには、子どもの身体計測や母親への育児相談という目的があります。健診の月齢時期は各自治体により若干の違いがありますが、**定期健診**（集団検診）は生後3から4か月健診・1歳6か月健診・3歳児健診とし、**任意健診**（個別に医療機関で実施）は生後1か月時の新生児健診・6から7か月健診・9から10か月健診として実施されています。このほかにも、2歳児健康相談や就学前健診（5歳児健診）などを実施している自治体があります。

　いずれの場合においても重要な目的として、障害の可能性についての早期発見と予防が大きな柱となって行われます。この疾病スクリーニングを通して対象児へは早期療育を、そして保護者側には寄り添う支援が行われていきます。

（2）マルトリートメント、親のうつなど

　社会変動の著しい昨今、保護者の中には育児への不安や疲労感を訴える姿を目にすることがあります。保護者自身が思い描いていた育児生活と自分の思い通りには進まない子育ての現実の差から、本来は道理に合わない暴力や暴言が子どもへ向けられてしまう場合があります。いわゆる虐待です。児童虐待防止法では内容を身体的虐待、性的虐待、ネグレクト、心理的虐待と分類しています。こうし

た虐待を包摂した観念に**マルトリートメント**とよばれるものがあります。マルトリートメントは「不適切な関わり方」や「不適切な養育」ともいわれます。この概念では保護者が自分の都合を優先し、子どもへ過度にスマートフォンやゲーム機などを与えて自分の時間を確保することや、激しい夫婦喧嘩を子どもが聞こえる場所ですることなども含まれます。それらを続けると、子どもの脳の脳梁と視覚野の縮小、聴覚野の肥大などの影響をおよぼすと報告されています。

　また、保護者に心の不調がみられる場合、家庭での子どもへの影響が懸念されます。心の不調の理由は、配偶者との離別や死別、思い通りにいかない育児に疲弊したなど、多くの状況が考えられます。そのいずれにおいても、子どもは**自分のせいなのではないか**と大人が想像している以上に考えているものです。子どもには、その子自身のせいではないことを伝えることを忘れないでください。

（3）保護者との関わりと、関係機関との連携

　保育者が行う保護者支援は、健常児の保護者に対しても障害児の保護者に対しても大きく変わりはありません。しかしながら障害を持つ子どもの視点にたつと、少し様子が異なります。配慮が必要な支援として「**家庭と保育所等で同じ対応をすること**」が大切です。例えば自閉症児は、自分の一連の行動にルーティンを持つことがあります。排泄の際にトイレの外でズボンと下着を脱いで便器まで移動するという流れを持っていたとすると、そのルーティンを家庭でも園でも同じように見守ることが重要です。家庭ではトイレの外で脱いでいたのに、園では「便器の前で脱ぎましょう」と伝えると混乱したり、トイレを嫌がる可能性も考えられます。日頃から保育者は、些細なことでも気がついた点を保護者にうかがい、対象児がスムーズに生活できるよう家庭との連携を深めましょう。

　保育所などは、状況により**保護者と各機関を結ぶ役割**があります。障害児保育に関係する接続機関には、保健センター、保健所、療育施設などが考えられます。**保健センター**は各市区町村に設置され、保健師や看護師などによる相談事業が行われます。さらに広範なサービスを展開している施設が**保健所**になります。保健所は主に各都道府県に設置され、保健師のほか医師や言語聴覚士などが配置されています。保健所は専門性が高い施設で、保健センターは地域の方々への身近な施設といえるでしょう。療育施設は**発達支援センター**や**療育支援センター**とよばれます。療育施設は、保育所が保護者へ直接提案する場合よりも、保健センターから保護者へ紹介し、状況により保健センターの職員が療育施設と保護者を仲介

するという流れが主となります。保護者が直接、療育施設に問い合わせを行い療育に参加することも可能です。保育所は、対象となる子どもが療育に参加することになった場合、保健センターやこども家庭センターなどから問い合わせを受けることがあります。その際は、対象児の園での様子について保護者の了承を得たうえで伝えるようにします。

4 特別な配慮が必要となる子ども

（１）アレルギー児

　ここまでの知的な障害を持つ子どもたちとは異なりますが、保育所などの在園児の中には**日常的に気にかけておく必要がある子ども**たちがいます。その一つが**アレルギー疾患**を持つ子どもです。アレルギーは症状によって重篤化や死亡するケースまでありますので、保育の中でとくに注視が必要となります。乳幼児期にみられるものとしては、喘息やアトピー性皮膚炎、食物アレルギーなどがあります。最近では、花粉症の症状を示す子どもが増えてきています。風邪との鑑別（見分けること）が難しいとされますが、筆者が勤務していた保育所にもアレルギー性鼻炎や結膜炎の症状をきたす子どもたちは実際に在園していました。花粉対策用のゴーグルを着けて戸外で遊ぶ園児の様子もみられます。そしてマスクなどを忘れた日は、鼻づまりや目のかゆみの症状があらわれていました。園庭などで思いきり走り回って遊び、心身の健やかな成長を促進するためにはマスクもゴーグルも邪魔になるでしょう。しかし、その後の時間帯と対象児の就学後や将来の健康面を考慮すると、着用を促す方が良いのかもしれません。

　その他、保育所などで関係性が深いものが食物アレルギーです。通常は食べ物を栄養源として摂取・吸収しますが、特定の食べ物を体が異物と判断してあらゆる反応が引き起こされることがあります。蕁麻疹（じんましん）などの皮膚のかゆみ、唇が腫れるなどの粘膜症状、意識レベルの低下や呼吸困難など症状はさまざまです。原因となる食べ物をアレルゲンといい、これにはさまざまな種類があります。乳幼児期に関連が多いアレルゲン食品に、卵、牛乳、小麦などがあります。その他には、果物、ナッツ類、蕎麦などが知られています。そのため、園で調理する給食やおやつの提供にはとくに注意が必要です。保護者の中には、園の献立表を参考にしてアレルゲン食品を除いた弁当を持参する家庭があります。寛解（かんかい）（症状が軽くな

ること）までには、そうした**完全除去食**により子どもの成長を待って症状軽減を図るケースと、不必要な除去を避けて少しずつ接種していく**経口減感作療法**があります。食物アレルギーについて保育所などができることは、医療機関の診断と保護者の方針を正しく理解し、保育者と栄養士らが連携して注視を続けていくことです。

（2）「気がかり」児

保育現場でクラス担任をしたことがある先生方は、園の子どもに対し、次のような経験や悩みを抱いたことがあるのではないでしょうか。園生活で「基本的生活習慣が身についていない」「話の理解が周りの子どもと比較すると遅い」「友達と遊ぶことができない」「困難なことに直面すると逃げたり（意欲が続かない）奇声を発する」といった子どもの存在です。本項で述べる子どもたちは、ここまでの「障害児」とは異なり、保育者からみた「**何か気になる子ども**」のことになります。

こういった「気になる行動」と思う要因にはいくつか理由があります。一つは保育者自身の視点です。日中の多くの時間を子どもたちと共にする保育者は、ほかの子どもたちと何か違うと感じたり、それまでの経験で出会ったことのない子どもであれば「気になる」という見立てをすることがあります。2つ目は、家庭環境に起因するものです。降園してから就寝するまでの間、保護者やきょうだいとの関わり方で子どもの行動は大きく左右されます。過干渉や放任、深夜までの外出など、いずれかに偏った生活が続くと発達に影響を与えます。例えば、対象となる子どもに対して保護者やきょうだいが、下の子への「面倒をみる」という方針で何でもやってあげてしまうと、本人の主体性は奪われて欲求の乏しい子どもになりかねません。また、先んじて何でも周囲がケアすることで、言葉の発達遅滞につながる可能性もあります。子どもを想うのであれば、自分の周囲のことは自分でできるようになるという目標のもとに援助をすると良いでしょう。

以上のような背景があると考えられる子どもたちですから、その子どもが特別という視点ではなく、**どうしてそのような行動をとるのか**という観点から子どもをとらえる必要があります。子どもを主体に考えるコミュニケーションの原則に、**インリアルアプローチ**というものがあります。これは、保育者や大人がすべてを提供するのではなく、子どもを観察しながら主導権を子どもに置き、ゆったりとした時間を確保した中でやりとりを楽しむという援助技術です。保育者を志す皆

さんは、この考えを頭の中において子どもたちと関わっていきましょう。

　保育所などでは、気になる子どもがいても診断をすることはできません。保育者の役割は、あくまでも子どもたちの健やかな育ちへの支援です。同時に、保護者支援も保育者の責務となります。保育者の優位性は、子どもたちを集団としてみることができるという点にあります。子どもたちの発達年齢や個人差までも考慮し、相対的に「気になる行動」として顕在しそれが継続するようであれば、園の考えとして保護者へ伝えることが必要になるでしょう。保護者への相談はとても繊細でていねいな対応が求められます。自分だけで判断するのではなく、必ず園長やほかの保育者の意見を聞いてから実施するようにしましょう。

（3）子どもの視線について

　子どもたちが室内で遊んでいる場面を観察していると、毎日のように仲の良い友達と顔を見合わせながら遊んでいる子どもの姿をみかけます。また別の子どもは一人で遊ぶことを好み、目の前のブロックに夢中になって遊んでいる様子がしばしば見受けられます。こうした様子は保育所などで、ごく自然な場面としてみられる光景でしょう。しかしながら注意深く観察を続けると、友達に話しかけられても**玩具に目を向けたまま受け答えをしている**様子や、玩具がない状態で友達と向かい合って会話をする際にも、**相手の顔ではない箇所を見ながら話をする**子どもたちの姿を目にすることがあります。

　会話中に相手の目や顔を見ないことがある子どもたちは、自分勝手に一方的に話をしたり、相手の状況を察知し難いという報告があります（表1）。さらに、そうした子どもたちは表情の表出や変化が少ない傾向にあり、相手に玩具を勝手にとられても怒る様子がほとんどみられませんでした。

表1　保育者に聞いた「会話中に目を見ないことがある子どもの特徴」

行動の特徴	保育者の回答
一方的に話す	90.9%
相手の話が入っておらず、互いの会話がつながりにくい	63.6%
他者の状況がわからず相手に嫌な感情を抱かせてしまいケンカになる	54.6%
活動に一歩出遅れたり、その一歩も出ない	45.5%
落ち着きがない	18.2%

（菊地・相良，2017）

現代社会では、スマートフォンやテレビを見ながら食事することに違和感を抱くことは少ないかもしれません。しかしながら、相手の顔を見て食事をしたり会話をするということを、大人たちが改めて考えてほしいと願います。

☑ 学びのふりかえり

（1）次の障害児の受け入れについて空欄に当てはまる言葉を書きなさい。

　日本保育協会によると、保育所に在園する障害児の種別は（　①　）の割合がもっとも多く、次に（　②　）、3番目に（　③　）となっている。

（2）アレルゲン食品で、とくに乳幼児期に関連が多いものを書きなさい。

（3）会話中に相手の目を見ないことがある子どもの特徴について書きなさい。

［参考文献］

藤永保監修・村田カズ他『障害児保育——子どもとともに成長する保育者を目指して』萌文書林，2012年

菊地一晴・相良順子「幼児期の視線の特徴と社会的スキルの関係——自由遊びの観察を通して」聖徳大学児童学研究所紀要論文（第20号），2017年

厚生労働省『保育所保育指針解説』フレーベル館，2018年

厚生労働省「児童発達支援ガイドライン」社会保障審議会障害者部会資料，2017年

厚生労働省「新たな社会的養育の在り方に関する検討会資料」社会保障審議会子ども家庭局，2017年

内閣府「障害児に対する支援について」子ども・子育て新システム会議資料，2010年

尾崎康子・小林真・水内豊和・阿部美穂子『よくわかる障害児保育［第2版］』ミネルヴァ書房，2018年

社会福祉法人日本保育協会「保育所における障害児やいわゆる『気になる子』等
　　の受入れ実態、障害児保育等のその支援内容、居宅訪問型保育の利用実態に
　　関する調査研究報告書」2015年

友田明美「被虐待者の脳科学研究」日本児童青年精神医学会児童青年精神医学と
　　その近接領域，2016年

第 11 章

保育の歴史

保育の歴史と思想

1．幼稚園の歴史

東京女子師範学校附属幼稚園　松野クララ　豊田芙雄　近藤浜

桜井女学校附属幼稚園　英和幼稚園　頌栄幼稚園

幼稚園保育及設備規程　大正新教育　和田実　倉橋惣三　橋詰良一

家なき幼稚園　幼稚園令　公私立幼稚園非常措置ニ関スル件

2．保育所の歴史

亜米利加婦人教授所　　守孤扶独幼稚児保護会　筧雄平　下味野子供預り所

野口幽香　森島峰　二葉幼稚園　石井十次　愛染橋保育所　戦時託児所

3．近年の幼児教育・保育をめぐる動向
　　　　　——認定こども園とこども家庭庁を中心として

①2006（平成18）年：「就学前の子どもに関する教育、保育等の総合的な提供の推
　　　　　　　　　　進に関する法律（以下、認定こども園法）」成立

②2012（平成24）年：「子ども・子育て支援法」「認定こども園法の一部改正法」「子
　　　　　　　　　　ども・子育て支援法及び認定こども園法の一部改正法の施行
　　　　　　　　　　に伴う関係法律の整備等に関する法律」、いわゆる「子ど
　　　　　　　　　　も・子育て関連三法」成立

③2023（令和５）年：こども家庭庁創設、「こども基本法」施行

4．欧米の教育・保育思想

コメニウス：『大教授学』『世界図絵』　汎知体系　単線型の学校体系　直観教授

ロック：『教育に関する考察』　精神白紙説　紳士教育論

ルソー：『エミール』　子どもの発見者　消極教育　自然・人間・事物

ペスタロッチ：『隠者の夕暮』『シュタンツ便り』　直観教授　生活が陶冶する

フレーベル：『人間の教育』　幼稚園の創設　恩物

オーエン：『新社会観』　性格形成学院

デューイ：『学校と社会』『民主主義と教育』　教育とは経験を改造ないし再組織す
　　　　　ること

モンテッソーリ：子どもの家　モンテッソーリ・メソッド　モンテッソーリ教具

1 幼稚園の歴史

（1）明治時代の幼稚園

　1876（明治9）年、**東京女子師範学校附属幼稚園**が開設されました。主任保姆は**松野クララ**、保姆は豊田芙雄と近藤浜でした（保育者は保姆とよばれていました）。保育内容は、物品科、美麗科、知識科の3科目とされ、その具体的内容として、フレーベルの恩物、計数、唱歌、説話などで構成されていました。**フレーベルの恩物を中心とした保育内容**が大きな比重を占めており、幼児が教師の指示通り恩物の操作を行うものでした。通園していた園児は富裕な上流家庭の子弟が中心であり、幼稚園は一般大衆からかけ離れたものでした。この東京女子師範学校附属幼稚園をモデルとして、全国各地に幼稚園が増設されました。1879（明治12）年には、鹿児島女子師範学校附属幼稚園などが開園しています。

　さらに、1880（明治13）年には日本で最初の私立幼稚園といわれている桜井女学校附属幼稚園、1886（明治19）年には金沢の英和幼稚園、1889（明治22）年には神戸の頌栄幼稚園など、キリスト教の精神に基づく幼稚園も設立されています。

　幼稚園数も1887（明治20）年には67園、1897（明治30）年には221園と少しずつ増加しました。それにともなって幼稚園を制度的に明確化することが要請されてきました。そうした中で**1899（明治32）年**には「**幼稚園保育及設備規程**」が制定されました。これにより、幼稚園は法的に整備されることになりました。入園年齢は満3歳から小学校に就学する前までとされ、保育時間は1日5時間以内とされました。幼稚園の園児数は100名以下であり、特別な事情があるときは150名までとされました。保姆一人あたりの幼児数は40名以下でした。**遊嬉、唱歌、談話、手技**が保育内容として定められ、煩雑をきわめていた恩物が手技の領域に位置づけられました。この規程は、従来の多様な幼稚園教育の水準を一定に保つとともに、各地に幼稚園設立の気運を促進することとなりました。

　幼稚園保育及設備規程は1900（明治33）年の第三次小学校令の改正により、小学校令施行規則の中に組み込まれました。明治政府は近代化のために小学校教育と高等教育に重点をおき、幼稚園を正規の学校体系に位置づけようとはしませんでした。

（2）大正時代の幼稚園

　大正期になると、子どもの個性、自発性の尊重を強調し、従来の注入的・画一的な暗記主義に対して**「児童中心」の教育**を主張する大正新教育が展開されました。新教育の実践としては千葉師範附属小学校の自由教育、奈良女子師範附属小学校の自立学習・合科学習などが有名です。成城学園、児童の村小学校、自由学園など新教育をめざす学校も誕生しました。

　デューイやモンテッソーリらの理論や実践が幼児教育界にも紹介されました。モンテッソーリによる子どもの自由な自己活動の重視、精神的発達の基礎として感覚の訓練が重要であるとする理論は、従来のフレーベル理論を見直す契機ともなりました。

　和田実は、**中村五六**、**東基吉**とともに、恩物中心の保育を批判しました。また、**倉橋惣三**は**誘導保育論**などの実践を試みました。さらに、**橋詰良一**は、大阪府池田市室町に園舎を持たず、野外で保育を行うことを特徴とする**家なき幼稚園**を創設しました。

　1926（大正15）年には、幼稚園単独の勅令である**幼稚園令**が制定されました。これによって幼稚園は、小学校とは別の独立した幼児教育施設としての地位を確立しました。幼稚園令は1947（昭和22）年の学校教育法の制定まで存続しました。幼稚園令の特徴は、①3歳未満の幼児の入園を認めたこと、②「保育項目ハ**遊戯、唱歌、観察、談話、手技**等トス」と規定され、「**観察**」を加えて5項目とされたこと、③保姆の資格が「子女ニシテ保姆免許状ヲ有スル者」と定められたこと、④幼稚園の定員は120名以下とし、特別な事情がある場合は200名までとされたこと、⑤保姆一人あたりの**幼児数は約40名以下**とされたことなどです。

　幼稚園令の制定を機に、幼児教育は中流以下の子弟にまで対象を拡大しました。幼稚園数も1917（大正6）年には677園でしたが、1926（大正15）年には1066園となりました。

（3）戦時下の幼稚園

　1931（昭和6）年の満州事変、1937（昭和12）年の日中戦争と、日本は、次第に戦時体制へと突入していきました。1941（昭和16）年には、太平洋戦争が起こりました。戦争の影響から幼稚園でも、健全なる身体、しつけ、物資の不足に伴う節約などの内容が重視されました。岡山県女子師範学校附属幼稚園では、1941

（昭和16）年、保育の目的として「健全ナル精神」「躾ノ重視」「皇国民ノ錬成」などが加えられ、保育の方針としては「皇国ノ道ノ修錬」「国民的情操ノ素地ヲ培フ」などが強調されています。

　保育方法に関しても戦争の影響が色濃くあらわれ、一斉保育、合同保育、集団訓練、動的で敏速な保育が多くなりました。本土空襲の激化にともなって幼稚園では空襲に対する防空訓練も実施されました。

　戦局が激しさを増してくると、戦時非常措置として各地で幼稚園が休園においこまれました。東京では、1944（昭和19）年、「公私立幼稚園非常措置ニ関スル件」が示されました。「幼稚園閉鎖令」といわれるこの通牒は、幼稚園の保育事業を休止するか、保育を継続する場合は「戦時託児所」に転換することを促すものでした。1945（昭和20）年8月15日、日本は終戦を迎えました。

2　保育所の歴史（明治時代〜終戦まで）

　保育所は、民間人によって運営された託児所などの保育所類似施設が始まりです。

　1871（明治4）年、アメリカ人宣教師によって、横浜に「亜米利加婦人教授所」という混血児を救済する託児所が開設されました。

　1890（明治23）年には、**赤沢鍾美・仲子夫妻**が**新潟静修学校**を開設しました。新潟静修学校は赤沢鍾美が中流以下の子弟、あるいは貧しい子どもたちのために開設した私塾でした。生徒たちが子守から解放され勉強できるように、生徒の幼い弟妹を校内で預かっていました。この保育事業が、1908（明治41）年に「守孤扶独幼稚児保護会」と称して一般に公開されました。

　1890（明治23）年には、**筧雄平**が鳥取県に「**下味野子供預り所**」を開設しています。これは、農繁期間中だけ乳幼児を預かって保育する季節託児所でした。

　1894（明治27）年になると、工場付設の託児所もあらわれ始めます。東京に開設された大日本訪績株式会社の工場内託児所です。

　1900（明治33）年には、**野口幽香と森島峰**によって**二葉幼稚園**（1916年に二葉保育園と改称）が開設されました。この園では貧困家庭の幼児を入園させ、日中街路で悪い習慣を身につける幼児たちを良い環境で教育することを目的としたものでした。

　1909（明治42）年になると、石井十次によって大阪の貧困地域に愛染橋保育所が開設されました。

このように託児所は農民や都市貧民層の子どもを対象に民間人によってつくられました。

1909（明治42）年になると、内務省から保育事業に対して補助金を交付する制度がスタートしました。さらに、1918（大正7）年には、米騒動に象徴される社会問題、労働争議の発生や社会主義思想の台頭といった社会不安に対して政府も対応を進める必要にせまられました。内務省は1920（大正9）年に社会局を設置し、その中で託児所をはじめとする児童保護に関する事項を組織的に行うこととしました。託児所が発展したのは社会事業政策の一環でもあったといえます。東京、横浜、名古屋、京都、神戸、呉、下関などに公立の託児所が設置されました。

託児所は民間人の手によって慈善事業として進められてきましたが、この時期になると地方公共団体によって公立の託児所が設置されることになります。1926（大正15）年には託児所の数も312か所となりました。

1941（昭和16）年の太平洋戦争開戦以降になると、全国の都市部に「戦時託児所」が設けられました。

3 近年の幼児教育・保育をめぐる動向
―― 認定こども園とこども家庭庁を中心として

（1）認定こども園

2004（平成16）年、中央教育審議会幼児教育部会と社会保障審議会児童部会の合同の検討会議において「就学前の教育・保育を一体として捉えた一貫した総合施設について」がまとめられました。2005（平成17）年には、「就学前の教育・保育を一体として捉えた一貫した総合施設について」に基づくモデル事業が採択されました。2006（平成18）年3月になると、総合施設モデル事業評価委員会による「総合施設モデル事業の評価について（最終まとめ）」が発表されました。この総合施設が認定こども園へとつながっていくことになります。

2006（平成18）年、「就学前の子どもに関する教育、保育等の総合的な提供の推進に関する法律（以下、認定こども園法）」が成立し、就学前の教育・保育を一体としてとらえる総合施設である**「認定こども園」**が発足しました。認定こども園には、幼保連携型、幼稚園型、保育所型、地方裁量型の4つの類型があります。

2012（平成24）年には、「子ども・子育て支援法」「認定こども園法の一部改正法」「子ども・子育て支援法及び認定こども園法の一部改正法の施行に伴う関係

法律の整備等に関する法律」、いわゆる「**子ども・子育て関連三法**」が成立しました。これは「**子ども・子育て支援新制度**」とよばれ、2015（平成27）年4月からスタートしました。「認定こども園法の一部改正法」により、認定こども園の類型の一つである**幼保連携型認定こども園**は、学校および児童福祉施設としての法的位置付けを持つ単一の施設に改められました。

（2）こども家庭庁の創設

2023（令和5）年4月1日には、**こども家庭庁**が創設されました。また、こども施策を社会全体で総合的かつ強力に推進していくための包括的な基本法として、2023（令和5）年4月1日に、**こども基本法**（2022〔令和4〕年6月15日制定）が施行されています。これまで保育所は厚生労働省、認定こども園は内閣府の管轄でしたが、2023（令和5）年4月からは、保育所と認定こども園は、こども家庭庁の管轄となりました。なお、幼稚園は、今まで通り文部科学省の管轄であるため、幼保一元化の実現には至っていません。

欧米の教育・保育思想

ここでは、コメニウス、ロック、ルソーなど、欧米の教育史における著名な人物の教育思想の特徴を概観します。

（1）コメニウス

コメニウス（1592－1670）は、モラヴィア（現在のチェコ共和国）に生まれました。コメニウスが生きた17世紀は、三十年戦争の嵐が吹き荒れた時代でした。この苦難に満ちた状況から人類を救う道をコメニウスは、教育の中に見いだそうとしました。

コメニウスは、新しい教授方法の体系を示す必要から『大教授学』を著しました。『大教授学』は、その扉に「あらゆる人にあらゆる事柄を教える普遍的な技法を提示する」とあることからもわかるように、教授原則などが述べられたものでした。そのため、コメニウスは**近代教授学の祖**とも評価されています。

また、コメニウスは、貴賤貧富の別なく進学できる単線型の学校体系を構想し

ました。それは、母親学校、母国語学校、ラテン語学校、大学へと至る4段階の学校体系でした。

　さらに、コメニウスは、正しい信仰・道徳・知識を一つの体系にしたもの（汎知体系）をすべての者が等しく共有することによって、偏見を捨て相互に理解し合うことを目指しました。

　コメニウスの主要な著作には『大教授学』のほかに、『世界図絵』があります。『世界図絵』は、**世界で最初の絵入りの教科書**です。各ページに絵が使用されており、彼の唱える直観教授の教材として具体化されたものです。この『世界図絵』は、絵本のはじまりとも評価されています。

（2）ロック

　イギリス経験論の哲学者**ロック**（1632−1704）が生きた17世紀は、ピューリタン革命や名誉革命があり、大きな変動の時期でした。

　ロックは、『**教育に関する考察**』の中で、**紳士教育論**を論じました。ロックは、子どもを「白紙、あるいは好きなように型に入れ、形の与えられる蜜蠟にすぎない」と考えました。この精神白紙説に基づいてロックは、「教育こそ実にすべての人間の間に差異をもたらすものである」と述べています。ロックは、人間形成における教育（環境）の役割や乳幼児期の教育の重要性を確信することができました。

　ロックは、紳士の育成を教育の目的とし、身体が壮健で、社会性に富み、生活に必要な知識を兼ね備えた人間を育成することを目指しました。このことからもわかるように、ロックは、体育・徳育・知育のバランスを重視していました。体育では鍛練を、徳育では子どもの欲望や本能を早くから抑制することを、知育では理性的な思考力の形成をロックは主張しました。

　ロックには『**教育に関する考察**』のほかに、『統治二論』『人間悟性論』などの著作があります。ロックの教育思想は、ルソーにも影響を与えました。

（3）ル ソ ー

　スイスのジュネーブに生まれた**ルソー**（1712−1778）は、エミールを主人公にした**教育小説『エミール』**を著しました。ルソーは、『エミール』の中で、「万物をつくる者の手をはなれるときすべてはよいものであるが、人間の手にうつると

すべてが悪くなる」と述べています。ルソーは、子どもの自然性が本来は「よい」ものであると考えていました。

　ルソーは「人は子どもというものを知らない。子どもについてまちがった観念をもっているので、議論を進めれば進めるほど迷路に入り込む。このうえなく賢明な人々でさえ、大人がしらなければならないことに熱中して、子どもにはなにがまなべるかを考えない。かれらは子どものうちに大人をもとめ、大人になるまえに子どもがどういうものであるかを考えない」と述べています。ルソーのこの言葉は、子どもを「小さな大人」としてみる従来の子ども観を一変させました。こうしたことからルソーは、「**子どもの発見者**」であると評価されています。

　また、ルソーは「初期の教育はだから純粋に消極的でなければならない。それは美徳や真理を教えることではなく、心を不徳から、精神を誤謬からまもってやることにある」とし、「子どもの状態を尊重するがいい。そして、よいことであれ、悪いことであれ、早急に判断を下してはならない。……長いあいだ自然のなすがままにしておくがいい。はやくから自然に代わって何かをしようなどと考えてはならない」と主張しました。これはルソー独自の消極教育論とよばれています。

　さらに、ルソーは「生まれたときにわたしたちがもっていなかったもので、大人になって必要となるものは、すべて教育によってあたえられる。この教育は、自然か人間か事物によってあたえられる。わたしたちの能力と器官の内部的発達は自然の教育である。この発展をいかに利用すべきかを教えるのは人間の教育である。わたしたちを刺激する事物について私たち自身の経験が獲得するのは事物の法則である」とし、「わたしたちのちからではどうすることもできないものにほかの二つを一致させなければならない」と述べ、「自然の教育」にほかの2つを一致させることを主張しました。ルソーにとって教育とは、子どもの内的な発達にしたがって人間をつくる技術にほかなりませんでした。

　ルソーの『エミール』は5編から成り立っています。各編の内容は次の通りです。第一編は身体を中心とした養護、第二編は感官の訓練、第三編は知育、第四編は徳育、第五編は政治です。

　ルソーには『エミール』のほかに、『学問芸術論』『人間不平等起源論』『社会契約論』などの著作があります。ルソーの教育思想は、ペスタロッチやフレーベルなどに大きな影響を与えました。

（4）ペスタロッチ

　ペスタロッチ（1746－1827）はスイスに生まれました。ペスタロッチは、孤児のための教育、民衆のための教育に生涯をささげた教育実践家でした。ペスタロッチは、ノイホーフ、シュタンツ、ブルクドルフ、イヴェルドンなどで教育の実践に取り組みました。ペスタロッチは、貧民の無知と貧困を救い、彼らを立ち直らせるには教育によるほかはないと考えていました。

　「玉座の上にあっても木の葉の屋根の蔭に住まっても同じ人間、その本質からみた人間、一体彼は何であるか」とペスタロッチが『隠者の夕暮』の中で述べていることからもわかるように、彼にとって人間は平等の人間性をもった存在にほかなりませんでした。

　ペスタロッチが貧しい子どもたちと生活をともにした様子は、『シュタンツ便り』の次の箇所に述べられています。これは「教育の聖者」としてのペスタロッチの姿を象徴するものとして有名です。

　　　わたしは彼らとともに泣き、彼らとともに笑った。彼らは世界も忘れ、シュタンツも忘れて、わたしとともにおり、わたしは彼らとともにおった。彼らの食べ物はわたしの食べ物であり、彼らの飲み物はわたしの飲み物だった。わたしは何ものももたなかった。わたしはわたしの周囲に家庭ももたず、友もなく、召使もなく、ただ彼らだけをもっていた。彼らが達者なときもわたしは彼らのなかにいたが、彼らが病気のときもわたしは彼らのそばにいた。わたしは彼らの真ん中に入って寝た。夜はわたしが一番後で床に就き、朝は一番早く起きた。

　また、ペスタロッチは、頭（知的能力）と胸（道徳的能力）と手（技術的能力）という3つの能力を調和的に開発し、発達させることを目指していました。そのための教育は、「**生活が陶冶する**」という言葉に示されるように、日常生活を通して展開されました。そして、ペスタロッチは、実物にふれながらものごとを認識していく直観教授などの提示を行っています。

　さらに、ペスタロッチは『シュタンツ便り』の中で次のように述べています。

　　　家庭教育のもつ長所は学校教育によって模倣されねばならないこと、また後者は前者を模倣することによって初めて人類に何か貢献するということを

証明しようと思った。人間教育に必要な全精神を包括もせず、家庭関係の全生活上の建設もされないような学校教育は、わたしのみるところでは、いたずらに人類を人為的に委縮させるにすぎない。

　ペスタロッチにとって教育とは家庭の中にあり、学校教育は家庭教育の延長上に位置づけられるものでした。
　ペスタロッチの著作には上記で示したほかに、『ゲルトルート児童教育法』『白鳥の歌』などがあります。

（5）フレーベル

　フレーベル（1782−1852）はドイツで生まれ、**世界で最初の幼稚園を創設**した教育思想家、教育実践家です。フレーベルは、1805年にイヴェルドンに出かけ、ペスタロッチに出会っています。そして、1808年から1810年までここに滞在し、ペスタロッチのもとで学びました。
　フレーベルの主著としては、『**人間の教育**』があります。この中でフレーベルは、次のように述べています。

　　すべてのもののなかに、永遠の法則が宿り、働き、かつ支配している。この法則は、外なるもの、すなわち自然のなかにも、内なるもの、すなわち精神のなかにも、自然と精神を統一するもの、すなわち生命の中にも、つねに同様に明瞭に、かつ判明に現れてきたし、またげんに現れている。

　　すべてのもののなかに、神的なものが、神が、宿り、働き、かつ支配している。

　フレーベルは、**子どもの本質を神的なもの**としてとらえていました。このような考えに基づいてフレーベルは、「人間を刺戟し、指導して、その内的な法則を、その神的なものを、意識的に、また自己の決定をもって、純粋かつ完全に表現させるようにすること、これが、人間の教育である」と述べることができました。フレーベルにとって「教育の目的は、職分に忠実な、純粋な、無傷の、したがって神聖な生命を表現すること」にほかなりませんでした。
　1840年、フレーベルは、バート・ブランケンブルクに**世界で最初の幼稚園**を創

設しました。また、フレーベルは、幼児教育用の教具として「**恩物**」を考案しました。

フレーベルの著作には『人間の教育』のほかに、『母の歌と愛撫の歌』などがあります。

（6）オーエン

イギリスの**オーエン**（1771－1858）は、1816年にスコットランドのニュー・ラナークで自身が経営する紡績工場内に「**性格形成学院**」という学校をつくりました。そこには、1〜3歳と、4〜5歳の、2つの組に分かれた幼児級（幼児学校）、6歳から10歳までの子どもたちを、上下二級にわけて、一日に5時間の授業が行われる児童級、11〜20歳の青少年を対象とする夜間級などがありました。幼児学校は、工場で働く労働者たちの子どもを保育したことから、**世界で最初の保育所**ともいわれています。

性格形成学院での教育の方針について、オーエンは、『自叙伝』の中で、次のように述べています。

> 私が最初に与えた教えはこうだ。どんな訳があろうと子供を決して打つな、どんな言葉、どんなしぐさででもおどすな、罵言を使うな、いつも愉快な顔で、親切に、言葉も優しく小児と話せ、……全力をあげてしょっちゅう遊び仲間を幸福にするようにしなくてはならぬ。年かさの四歳から六歳までの者は年下の者を特別に世話し、また力を合せてお互いが幸福になるように教えよ。小児を書物でいじめるな。身のまわりにころがっている物の使い方や本性・性質を教えるものだ、小児の好奇心が刺戟され、それらについて質問するようになったときに、うちとけた言葉で。

また、性格形成学院での教育の様子について、次のように述べています。

> 幼児教育の教室は同じ大きさで、いろいろな主に動物の絵や地図を備えつけ、庭や畑や森からの自然物がよくおいてあった。——それらの検査や説明はいつも彼らの好奇心を刺戟し、小児と、いまや年若き友を教えてみて自分も新知識をえつつあったその先生たちとの間に、生き生きとした会話を創造した、私がいつも彼らに、生徒をそういうものと考え、そう取扱えと教えた

ので。四歳以上の小児は、わざと彼らの注意をひくように室内にかけてあった大規模な世界中の地図の使い方を、早くから知りたがったものだ。

　　幼児小児は、見えるもの――すなわち実物――模型や絵――によって、またうちとけた話によって、教えられるかたわら、二歳以上になると日々ダンスと音楽を教え込まれた。

　オーエンの教育は、実物による教育、地理の学習、ダンス、音楽などに特徴をもつものでした。
　また、オーエンは、『新社会観』の中で、「どのような一般的性格でも――最善の性格から最悪の性格まで、最も無知な性格から最も啓蒙された性格まで――どんな社会にも、世界全体にさえも、適切な手段を用いることによって与えることができるだろう」とし、「子どもは、例外なしに、受動的で、また驚くべき巧妙な複合体である。子どもは、この主題についての正しい知識にもとづいた的確な配慮を一貫して払えば、どんな人間性でも身につけるように集団的に形成されえよう。そしてこの複合体は、ほかのあらゆる自然のなせるわざと同じように、無限の多様性をもってはいるが、しかも可塑性をも有し、賢明な管理のもとに忍耐強く試みれば、ついには、合理的に望み願った姿そのものに、形成されえよう」と述べています。
　オーエンにとって人間の性格は環境によって形成されるものにほかなりませんでした。オーエンによれば、子どもは「どのような感情や習慣でも教えられうる」ということ、言い換えれば「どんな性格でも身につけるようしつけられうる」と考えられていました。

（7）デューイ

　デューイ（1859－1952）はアメリカの代表的な哲学者、教育学者です。デューイは1896年、シカゴ大学に実験学校を開設しました。その成果は**『学校と社会』**にまとめられています。この著書の中で、デューイは、次のように述べています。

　　学校においてこそ、子どもの生活がすべてを支配する目的となるのである。子どもの学習を促進するあらゆる手段がそこに集中される。学習？　たしかに学習は行われる。しかし、生活することが第一である。学習は生活するこ

とをとおして、また生活することとの関連において行われる。

　デューイは、子どもが日常のありふれたやりかたで獲得した経験が学校にもちこまれ、そこで利用されると同時に、子どもが学校で学んだものを日常生活にもちかえって応用できるようにすること、つまり、学校を生活とどのように結びつけたらよいのかを考えていました。デューイによれば、学校とは、抽象的な学科を学ぶ場所ではなく、生活と結びつき、そこで子どもが生活を指導されることによって学ぶ子どもの住みかとなるもの、すなわち、「小型の社会」にほかなりませんでした。

　デューイにとって教育とは「経験の意味を増加させ、その後の経験の進路を方向づける能力を高めるように経験を改造ないし再組織すること」であり、知識は問題解決のための道具として考えられていました。

　また、デューイは『学校と社会』の中で「いまやわれわれの教育に到来しつつある変革は、重力の中心の移動である。それはコペルニクスによって天体の中心が地球から太陽に移されたときと同様の変革であり革命である。このたびは子どもが太陽となり、その周囲を教育の諸々のいとなみが回転する。子どもが中心であり、この中心のまわりに諸々のいとなみが組織される」と述べています。これは「教育のコペルニクス的転回」と名づけられ、児童中心主義の思想的原点とされています。こうした子ども中心の思想は幼児教育にも大きな影響を与えました。

　デューイの著作には『学校と社会』のほかに、**『民主主義と教育』『経験と教育』**などがあります。

（8）モンテッソーリ

　モンテッソーリ（1870−1952）は、ローマ大学でイタリア初の女性医学博士を取得した教育者です。モンテッソーリは、知的障害児の治療と教育の研究成果を健常の子どもの教育にも生かそうと試みました。モンテッソーリは、1907年にローマのスラム街に「**子どもの家**」を創設しました。そこでの子どもの観察と実験を通して、独自の教育方法についての研究を行いました。子どもの姿から「**集中現象**」「**敏感期**」などを見いだし、教育に取り入れました。その成果をまとめたものが『子どもの家の幼児教育に適応された科学的教育法』であり、「**モンテッソーリ・メソッド**」として世界に伝えられました。

　モンテッソーリの教育の特徴は、子どもの自発的な活動を引き出すための環境

の整備にありました。モンテッソーリは、『子どもの心』の中で、次のように述べています。

> 教育とは教師がするものではなく、それは人間のなかにひとりでに展開する自然の過程であって、言葉に耳を傾けて教わるのではなく、子どもが環境に向かって行動する経験によって得られるのです。教師の仕事は話すことではなく、子どものためにつくられた特別の環境で一連の文化的活動をする動機を準備してやることです。

モンテッソーリにとって教師の役割は、直接的な指導をできるだけ抑え、子どもの自発的な発達を援助することにありました。また、「モンテッソーリ教具」は、子どもの発達段階に細かく合わせたもので、子どもの自由で自発的な活動を保障するためのものでした。

モンテッソーリの著作には、『**子どもの発見**』『**幼児の秘密**』などがあります。

☑ 学びのふりかえり

（1）次の文章の空欄に当てはまる言葉を書きなさい。

ア．1876（明治9）年、（ ① ）が開設されました。主任保姆は松野クララ、保姆は豊田芙雄と近藤浜でした。

イ．1899（明治32）年には（ ② ）が制定されました。（ ③ ）は1900（明治33）年の第三次小学校令の改正により、小学校令施行規則の中に組み込まれました。

ウ．1926（大正15）年には、幼稚園単独の勅令である（ ④ ）が制定されました。

エ．1900（明治33）年には、（ ⑤ ）と（ ⑥ ）によって二葉幼稚園が開設されました。

オ．1909（明治42）年になると、（ ⑦ ）によって大阪の貧困地域に愛染橋保育所が開設されました。

（２）次の文章に該当する人物名を答えなさい。

ア．母親学校、母国語学校、ラテン語学校、大学へと至る単線型の学校体系を構想しました。

イ．『教育に関する考察』の中で紳士教育論を論じ、子どもを「白紙、あるいは好きなように型に入れ、形の与えられる蜜蠟にすぎない」と考えました。

ウ．『人間の教育』を著し、世界で最初の幼稚園を創設しました。

エ．自身が経営する紡績工場内に性格形成学院という学校をつくりました。

オ．「初期の教育はだから純粋に消極的でなければならない」と主張しました。

カ．教育とは「経験の意味を増加させ、その後の経験の進路を方向づける能力を高めるように経験を改造ないし再組織すること」であると述べました。

キ．1907年、ローマのスラム街に「子どもの家」を創設しました。

［参考文献］

岩崎次男編著『近代幼児教育史』明治図書，1979年

文部省編『幼稚園百年史』ひかりのくに，1979年

デューイ（松野安男訳）『民主主義と教育（上)』岩波文庫，1989（1975）年

中野光・志村鏡一郎編『教育思想史』有斐閣新書，1989（1978）年

日本保育学会編著『写真集　幼児保育百年の歩み』ぎょうせい，1981年

細谷俊夫・奥田真丈・河野重男・今野喜清編『新教育学大事典　第6巻』第一法規，1990年

原聡介・宮寺晃夫・森田伸子・高橋勝・森田尚人『教育と教育観』文教書院，1990年

長尾十三二『西洋教育史　第二版』東京大学出版会，1991年

長尾十三二・福田弘『ペスタロッチ』清水書院，1991年

デューイ（宮原誠一訳）『学校と社会』岩波文庫，1992（1957）年

ルソー（今野一雄訳）『エミール（上)』岩波文庫，1992（1962）年

モンテッソーリ（鼓常良訳）『子どもの心』国土社，1992年

フレーベル（荒井武訳）『人間の教育（上)』岩波文庫，1993（1964）年

ペスタロッチー（長田新訳）『隠者の夕暮・シュタンツだより』岩波文庫，1993年

齋藤太郎・山内芳文『教育史』樹村房，1994年

山崎英則・徳本達夫編著『西洋教育史』ミネルヴァ書房，1994年

オウエン（五島茂訳）『オウエン自叙伝』岩波文庫，1995（1961）年

五島茂・坂本慶一責任編集『オウエン　サン・シモン　フーリエ』中央公論社，
　　1996（1980）年

丸尾譲・八木義男・秋川陽一編『保育原理』福村出版，1997年

森上史朗・岸井慶子編『保育者論の探求』ミネルヴァ書房，2001年

安彦忠彦・新井郁夫・飯長喜一郎・井口磯夫・木原孝博・児島邦宏・堀口秀嗣編
　　集『新版 現代学校教育大事典』ぎょうせい，2002年

関口はつ江・手島信雅編著『保育原理』建帛社，2002年

関川悦雄・北野秋男『教育思想のルーツを求めて──近代教育論の展開と課題』
　　啓明出版株式会社，2005年

中谷彪・小林靖子・野口裕子『西洋教育思想小史』晃洋書房，2006年

諏訪きぬ編著『改訂新版　現代保育学入門』フレーベル館，2009年

森上史朗・柏女霊峰『保育用語辞典　第5版』ミネルヴァ書房，2009年

松島鈞・志村鏡一郎・福田弘監修『現代学校教育論』日本文化科学社，2009年

榎田二三子・大沼良子・増田時枝編著『保育者論』建帛社，2009年

中村弘行『人物で学ぶ教育原理』三恵社，2010年

平原春好・寺﨑昌男編集代表『新版　教育小事典【第3版】』学陽書房，2011年

岡本富郎『保育の思想を学ぼう──今、子どもの幸せのために〜ルソー、ペスタ
　　ロッチー、オーエン、フレーベルたちの跡を継いで〜』萌文書林，2014年

公益財団法人児童育成協会監修『保育原理』中央法規，2015年

公益財団法人児童育成協会監修『教育原理』中央法規，2016年

谷田貝公昭編集代表『新版 保育用語辞典』一藝社，2017（2016）年

汐見稔幸・松本園子・高田文子・矢治夕起・森川敬子『日本の保育の歴史』萌文
　　書林，2017年

民秋言編集代表『幼稚園教育要領・保育所保育指針・幼保連携型認定こども園教
　　育・保育要領の成立と変遷』萌文書林，2017年

古橋和夫編著『改訂 子どもの教育の原理──保育の明日をひらくために』萌文
　　書林，2018年

民秋言編著『三訂 保育者論』建帛社，2018年

こども家庭庁ホームページ（https://www.cfa.go.jp/policies/kodomo-kihon/　2023年10月
　　2日閲覧）

第 **12** 章

日本の保育の現状

この章で学ぶこと

これからの保育の視座

1．子ども・子育て支援新制度により、社会全体で子育てを支援する

（1）施設型給付（認定こども園、幼稚園、保育所）と地域型保育給付（小規模保育、
　　家庭的保育、居宅訪問型保育、事業所内保育）

（2）地域子ども・子育て支援事業

2．幼保一元化から幼保一体化へ

○幼保一元化：幼稚園と保育所の所管を一本化し、制度も一つにする

○幼保一体化：保育所と幼稚園の壁を乗り越えて、保育・幼児教育施設の共通する
　　　　　　　部分を可能な範囲でひろげて、その保育・教育内容を一体化する

3．こども基本法とこども家庭庁による子ども施策の推進

○相談支援施設としての保育所

○こども家庭センターや他の相談支援施設と連携する保育所

4．保育所職員の資質・専門性の向上

保育士等キャリアアップ研修ガイドライン

5．保育・育児における情報機器の利用

幼稚園生活では得難い体験を補完するなど、幼児の体験との関連を考慮すること

1 子ども・子育て支援新制度の誕生
——社会全体で子育てを支援する

　2015（平成27）年4月から**子ども・子育て支援新制度**が施行され、日本の**新しい保育**が始まりました。この制度は、「保護者が子どもについての第一義的責任を有する」という基本的認識のもと、**幼児期の学校教育・保育、地域の子ども・子育て支援を総合的に推進する**ものです。そのために、**施設型給付と地域型保育給付**とよばれる2つの給付制度を創設しました。さらに、すべての子育て家庭を対象に地域のニーズに応じたさまざまな子育て支援を行うため、**11の支援事業**があります。

　このように、日本の保育は、保護者の**子育てを社会全体で支援する**ことを目指すという方向性を明確に示しています。

◇ 施設型給付と地域型保育給付

［施設型給付］

　　○認定こども園　　　○幼稚園　　　○保育所

［地域型保育給付］

　　○小規模保育　　　○家庭的保育　　　○居宅訪問型保育

　　○事業所内保育

◇ 地域子ども・子育て支援事業

○すべての家庭を対象

　・利用者支援事業　・地域子育て拠点事業　・一時預かり

　・ファミリー・サポート・センター事業　・子育て短期支援事業

○主に共働き家庭を対象

　・延長保育　・病児保育　・放課後児童クラブ

○妊娠期から出産後までを支援

　・妊婦健診　・乳児家庭全戸訪問事業　・養育支援訪問事業

2 幼保一元化に向けて

　子ども・子育て支援新制度のもとに、保育所、幼稚園、幼保連携型認定こども園の関係について、考えてみましょう。

　日本の保育の歴史において、幼稚園は教育施設、保育所は保育施設として独自の重要な役割を果たしてきました。しかしながら、最近では幼稚園も保育所も保育（教育）内容や社会的役割を考えたとき、共通する部分が非常に多くなっています。さらに、幼稚園と保育所の両方の機能を兼ね備えた幼保連携型認定こども園も増えており、今後は3つの保育（教育）施設が共通する部分を伴いながら、独自の保育（教育）を行っていくと思われます。

　このような状況において、これまで論議されてきたのが「**幼保一元化**」の問題です。幼保一元化とは、「国や自治体において幼稚園と保育所の**所管を一本化し、制度も一つにする**」という考えです。この考えを実現しようとする試みもなされてきましたが、現在も幼保一元化は実現されていません。

　一方、「**幼保一体化**」という考えが新たに生まれました。これは、「制度的に異なる保育所と幼稚園の壁を乗り越えて、保育・幼児教育施設の共通する部分を可能な範囲でひろげて、その**保育・教育内容を一体化する**」という考えです。

　幼保一体化の視点から今日の保育について考えた場合、2017年度版の幼稚園教育要領、保育所保育指針、幼保連携型認定こども園教育・保育要領で共通する主な内容は以下の通りです。

①幼稚園、保育所、幼保連携型認定こども園で、3歳（満3歳）以上の子どもの教育を共通にする
②乳児、1歳（満1歳）以上3歳（満3歳）未満児の保育を、保育所と幼保連携型認定こども園で共通にする
③全体的な計画と指導計画を作成する
④保護者・家庭および地域と連携した子育て支援をさらに充実させる
⑤小学校との連携を密接にする

　以上から明らかなように現在では、幼保一体化の考えが実現されており、幼稚園、保育所、幼保連携型認定こども園が保育（教育）内容をできるだけ共通にしながら、独自の道を歩むことになっています。

3 こども基本法とこども家庭庁による
こども施策の推進

第2章「子どもと保育に関する法令」に示されているように、子どもや子育てに関わる施策はこども基本法に基づきこども家庭庁が実施します。**保育士はこども家庭庁のこども施策の推進に注目する必要があります。**

（1）これからの保育所、保育士には「家庭支援」がさらに求められる

こども基本法の制定にともない、**児童福祉法も改正され、2024（令和6）年より施行されます。**児童福祉法の改正で注目されるのは、こども家庭センターや相談支援機関の設置により、**子育て世帯に対する支援が強化されている**ことです。

児童福祉法では、「**子育て世帯が相談しやすい相談支援機関を、保育所に整備すること**」と示されています。従って保育所は相談支援機関としての業務を果たしたり、こども家庭センターや他の相談支援機関と連携したりして、保護者を支援していくことが求められます。そこで保育所で働く**保育士は「家庭支援」の業務がさらに重要になります。**

第9章「地域社会で行う子育ての支援」にも書かれているように、保育所はさまざまな子育て支援をしています。保育士は保護者との日ごろからのコミュニケーションを大切にしながら、保護者の子育て支援に努めています。このような子育て支援をベースにしながら、今後は大きな問題を抱えた保護者と家庭に対する支援（＝家庭支援）が求められます。そのために**保育所独自の専門性を生かした支援**をするとともに、必要に応じて**こども家庭センターや他の相談支援機関との連携**により問題の解決にあたることが大切です。

◇ こども家庭センター以外の関係機関

市町村（保健センターなどの母子健康部門・子育て支援部門等）　要保護児童対策地域協議会　児童相談所　福祉事務所（家庭児童相談室）　児童発達支援センター　児童発達支援事業所　民生委員　児童委員（主任児童委員）　教育委員会　小学校　中学校　高等学校　地域子育て支援拠点　地域型保育（家庭的保育、小規模保育、居宅訪問型保育、事業所内保育）　ファミリー・サポート・センター事業（子育て援助活動支援事業）　関連NPO法人等

※保育所保育指針解説より

◇ こども家庭センター

　　2022（令和4）年の児童福祉法の改正により、市町村にこども家庭センターが設置されることになりました。**こども家庭センターは全ての妊産婦、子育て世帯、子どもへ一体的に相談支援を行う機関**です。

［主な業務］

　　・児童及び妊産婦の福祉や母子保健の相談など

　　・把握・情報提供、必要な調査・指導など

　　・支援を要する子どもや妊産婦などへのサポートプランの作成、連絡調整

　　・保健指導、健康診査など

（2）子どもの最善の利益をベースにした保育が一層求められる

　児童に関する権利条約やこども基本法は子どもの権利を擁護し、子どもが幸せな生活を送ることを目指しています。この精神は保育所保育においては、「**子どもの最善の利益を考慮**」するという言葉に示されています。保育所は児童福祉施設ですから、保育士が保育をする際には、長い目で見て、**一人ひとりの子どもにとって最も利益となることを中心に考えて保育を行う**ことが大切です。

　例えば、保育所は1日11時間開所され、さらに延長保育も行われています。働く親にとってはとてもありがたい施設です。しかしながら、そこで家族以外の人と長時間過ごす子どもにとっては、大人が思う以上にストレスがかかっていることもあります。もちろん保育者は、そのような子どものストレスを軽減させようと努力をしています。

　さらに、保育所によっては、子どもの様子や保育について保育士や職員同士で振り返って話し合ったり、記録を書いたりする時間が十分に確保されていないことがあります。子どもの最善の利益を目指す保育を実現するためには、ぜひとも保育士同士の話し合いが必要です。

　以上のように、子どもの最善の利益を大切にする保育をこれまで以上に実現するために、現在の保育所保育について職員同士で振り返る必要があります。

4　保育所職員の資質・専門性の向上を目指す

　児童福祉法第18条の4に示されているように、保育士とは、「専門的知識及び

技術をもって、児童の保育及び児童の保護者に対する保育に関する指導を行う」専門職であります。

近年、子どもや子育てを取り巻く環境が変化し、保育所に求められる役割も多様化・複雑化する中で、専門職である保育士には、**より高度な専門性が求められています**。そのために、**各種の研修機会の充実**によって、その専門性を向上させていくことが重要です。

現在、保育所には、所長（園長）、主任保育士、初任後から中堅までの職員が多様な職務に当たっています。さらに、保育士には、保育士試験合格者（保育現場における実習経験の少ない者）や潜在保育士（保育現場で保育を行っていない者）も保育に携わっています。このような職務内容に応じた専門性の向上を図るための研修機会の充実が重要な課題となっています。

今後においては、とくに保育所で**中核となっている保育士（リーダー的な保育士）の専門性の向上**が保育所保育の質に直結するものと考えられており、そのために厚生労働省はリーダー的な保育士のための研修内容や研修の実施方法をまとめた「**保育士等キャリアアップ研修ガイドライン**」を定めました。

◇ 保育士等キャリアアップ研修ガイドライン
研修内容と対象者（抜粋）

（1）専門分野別研修（乳児保育、幼児教育、障害児保育、食育・アレルギー対応、保健衛生・安全対策、保護者支援・子育て支援）

　　　保育所等の保育現場において、それぞれの専門分野に関してリーダー的な役割を担う者

（2）マネジメント研修

　　　（1）の分野におけるリーダー的な役割を担う者としての経験があり、主任保育士のもとでミドルリーダーの役割を担う者

（3）保育実践研修

　　　保育所等の保育現場における実習経験の少ない者（保育士試験合格者等）又は長期間、保育所等の保育現場で保育を行っていない者（潜在保育士等）

5 保育・育児における情報機器の利用

　街中を歩いていても、電車の中でも、スマートフォンを使用している人たちが当たり前のように見受けられます。現在の育児環境において、子どもがタブレットをはじめとして情報機器に触れる機会は極めて多いと言えます。子どもにとって、**情報機器は身近な環境の一つ**になっています。これからの保育を考える上で、子どもがどのように情報機器と関わっていくかを考えていくことは、大変重要なことであります。

（1）情報機器の育児への影響

　2014（平成26）年に日本小児科医会が「スマホに子守りをさせないで！」というポスターを発表し、大きな話題になりました。このことを裏づけるのが、2015（平成27）年に総務省情報通信政策研究所が行った「未就学児等のICT利活用に係る保護者の意識に関する調査報告書」の結果です。この調査では、1歳児2153名、2歳児1805名、3歳児1701名、4歳児978名、5歳児1247名、6歳児836名の子どもと保護者に調査を行い、その結果、情報通信端末（スマートフォン、タブレット型端末、パソコン等）を利用する子どもについて、次のような結果がでました。

◇ 情報通信端末を利用する乳幼児

0歳児	10.5%
2歳児	31.4%
3歳児	35.4%
4歳児	41.4%
5歳児	41.5%
6歳児	43.9%

　結果から明らかなように40％程度の子どもが情報機器を利用しており、情報機器が子どもの生活の大きな部分を占めていることがわかります。
　また、どのように情報機器を利用しているかについては、次のような結果がでました。

〇写真閲覧　　〇動画閲覧　　〇写真・動画撮影
　〇知育（ことば・数遊び等）　〇ゲーム

　情報機器をさまざまに利用しているのがよくわかります。親子で一緒に情報機器で楽しく過ごす時間を持つことは良いことです。しかしながら、問題となるのは、日本小児科医会のポスターの言葉が示すように、スマホに子守りを任せてしまうことです。母親の意見として、家事をしているときとか、外出中の電車の中で、子どもにスマートフォンを与えることにより、子どもがおとなしくしてくれることで、いつの間にかスマートフォンが都合のよいおもちゃになってしまったという声を聞きます。

（2）情報機器を利用するための基本原則

　以上のような事情を受けて、「子どもたちのインターネット利用について考える会」が「**未就学児の情報機器利用　保護者向けセルフチェックリスト（3歳から6歳）**」を公表し、子どもへの効果的なインターネットの利用の方法について呼びかけています。

◇ **未就学児の情報機器利用　保護者向けセルフチェックリスト**
　（3歳から6歳）

　A　機器利用の時間や場面について

　　〇ベッドや布団に入る1時間前には利用を終わらせ、「夜ふかし」や「寝不足」にならないようにしている

　　〇利用時間は、1日に合計で1時間以内にするよう気を付けている

　　〇遊びが機器の利用にかたよらないように、さまざまな遊びをさせることに気を配っている

　　〇食事中に使わせないなど、利用してよい場面や時間帯を決めて、保護者や祖父母など関わる大人の間で、そのルールを共有している

　B　情報の内容と保護者の関わり方

　　〇見ている動画や遊んでいるゲームの内容は、保護者が把握・管理し、良質でふさわしいものを選んでいる

　　〇利用時に、できるだけ親子で一緒に見たり、遊んだりしながら会話をし、子どもの理解について気を配っている

○声を出したり興味を示している時は、積極的に話しかけ、子どもの反応や問いかけにもこたえている

○見るだけで簡潔するものでなく、体験的な遊びに繋がったり、創造性を育む余地があるものを選ぶなど、使い方を工夫している

C　機器の与え方

○使うときの「お約束」を作り、「静かにさせるため」や「子どもが使いたがるから……」といって、すぐに機器を渡すのではなく、子どもにしつけや生活習慣を身に付けさせることを優先して、さとす努力をしている

○外出するときは、機器以外のお気に入りのものを持参するなど、「飽きさせない」「楽しませる」準備をするなど、工夫をしている

○やむを得ず外出先で使わせる場合は、一回15分以下の利用にとどめ、電車や自動車などの車内では、乗り物が動いているときは避けるようにしている

○機器で見たり遊んだ内容を、身の回りの生活にあてはめたりできるよう、声かけするなどして手助けしている

D　保護者自身の知識や使い方

○年齢ごとの標準的な「必要睡眠時間」の目安について知っている

○乳幼児期の睡眠は、時間だけでなく「時間や質」も重要だと知っている

○「食卓にスマホを出さない」「人と話しているときに使わない」など、子どものお手本となる使い方を心がけている

○パスコードによるロックやフィルタリング設定など、保護者ができる利用管理機能について知っている

　ここに示されている16のチェック項目はアドバイスとも言えます。これらの項目は、保護者がすぐに実行できるものもありますが、保育者と協力し合いながら実行するものもあります。また、この16項目は、保育者が保育現場で情報機器を利用する際にも、参考にすべき内容と言えます。

（3）保育現場における情報機器の利用――幼稚園教育要領より

　保育所保育指針では、情報機器の利用についての内容はありません。幼稚園教育要領では、情報機器の利用にあたり、次のような留意点が示されています。

幼児期は直接的な体験が重要であることを踏まえ、視聴覚教材やコンピュータなど情報機器を活用する際には、幼稚園生活では得難い体験を補完するなど、幼児の体験との関連を考慮すること。

　環境を通して行う幼児期の保育（教育）では、直接的な体験が重要であることは言うまでもありません。直接的な体験を基礎としながら、**得難い体験を補完するために情報機器を利用する**ことは大切です。例えば、子どもたちが「海の中にいる生物」に興味を持つようになったら、DVDで海の生物を紹介することで、子どもたちの知的関心がさらに高まります。また、雪を体験できない地域の子どもたちが、雪国のDVDを視聴することも大切です。

　しかしながら、「幼稚園生活では得難い体験を補完する」をどのようにとらえるかということは、保育者にとって大きな課題です。例えば、子どもが絵を描く場合は、クレヨンや色鉛筆や絵具を使います。しかしながら、子どもの中には、これらの道具を使うことをためらう子どもがいます。そのような子どもに、コンピュータで絵を描くことをすすめると、失敗してもすぐに消すことができるという安心感から、楽しく取り組めるケースがあります。また、子どものグループ活動にコンピュータを取り入れることにより、子ども同士のコミュニケーションを深めることができたというケースも報告されています。このように、情報機器の効果的な利用が充実した保育につながっています。

　保育者は、子どもの情報機器への適切な関わり方を保護者と共に考え、助言できるように努めることが大切です。さらに、保育を充実させるために、情報機器をどのように利用するか、考えていく必要があります。

☑ 学びのふりかえり

（1）次の子ども・子育て支援新制度に関連する内容の空欄に当てはまる
　　 言葉を書きなさい。

　　・施設型給付には認定こども園、（　①　）、保育所がある。
　　・（　②　）には小規模保育、（　③　）、居宅訪問型保育、事業所内保育がある。

（2）幼保一元化、幼保一体化について説明しなさい。

（3）児童福祉法の改正（2022年6月改正）をもとに、これからの保育所
　　 について説明しなさい。

（4）次の幼稚園教育要領の空欄に当てはまる言葉を書きなさい。

　　 幼児期は（　①　）な体験が重要であることを踏まえ、視聴覚教材や（　②　）
　　 など情報機器を活用する際には、幼稚園生活では得難い体験を（　③　）するなど、
　　 幼児の体験との関連を考慮すること。

［参考文献］
大豆生田啓友・三谷大紀編『最新保育小六法・資料集　2023』ミネルヴァ書房，
　　 2023年
文部科学省『幼稚園教育要領解説』フレーベル館，2018年
谷田貝公昭・中野由美子編『保育原理』一藝社，2015年

索　引

保育原理の総復習
乳幼児教育・保育から小学校教育へ

（9）小学校教育（小学校学習指導要領）……資質・能力
基礎的・基本的な知識及び技能を確実に習得させ、これらを活用して課題を解決するために必要な思考力、判断力、表現力等を育むとともに、主体的に学修に取り組む態度を養い、個性を生かし多様な人々との協働を促す教育の充実に努めること

（8）幼児期「学びの芽生え」から児童期「自覚的な学び」へ
○「アプローチカリキュラム」から「スタートカリキュラム」へ

（7）幼児期の終わりまでに育ってほしい姿（10の姿） 　　　　……子どもの就学時の具体的な姿…… 保幼小で共有すること
健康な心と体（健康）。自立心、協同性、道徳性・規範意識の芽生え（人間関係）。社会生活との関わり、思考力の芽生え、自然との関わり・生命尊重、数量や図形、標識や文字などへの関心・感覚（環境）。言葉による伝え合い（言葉）。豊かな感性と表現（表現）。

（4）幼稚園、保育所、 　　こども園のねらいと内容		（5）育みたい資質・ 　　能力	（6）保育の大切な 　　キーワード
3歳以上児のねらいと内容 （5領域） 15のねらい。53の内容。	幼稚園 保育所 こども園	・知識及び技能の基礎 ・思考力、判断力、表現力等の基礎 ・学びに向かう力、人間性等	①保育所の役割 ②養護と教育の一体化による保育 ③環境を通しての保育 ④保育所保育の方法 ⑤幼稚園教育の基本 ⑥障害児の保育 ⑦こども基本法とこども家庭庁
1歳以上3歳未満児のねらいと内容（5領域） 15のねらい。32の内容	保育所 こども園		
乳児保育のねらいと内容 （3つの視点） 9のねらい。15の内容。	保育所 こども園		

（3）幼稚園、保育所、認定こども園それぞれの保育目的・目標		
幼稚園の目標 ⇒学校教育法第23条（5領域）	保育所の目標 ⇒養護＋教育（5領域）	認定こども園の目標 ⇒認定こども園法第9条
幼稚園教育の目的 ⇒学校教育法第22条	保育所保育の目的 ⇒保育指針第1章1（1）ア	認定こども園の目的 ⇒認定こども園法第2条第7項

（2）保育（教育）の計画
⇒全体的な計画（教育課程）　＋　指導計画（長期の指導計画。短期の指導計画）

（1）P（計画）D（行動・実践）C（評価）A（改善）
サイクルによるカリキュラム・マネジメント

保育原理の総復習をしましょう。以下の説明や質問を読みながら、前ページの「保育原理の総復習」の内容をチェックしましょう。

（1）保育はいわゆるPDCAサイクルにより進められており、質の高い保育が保障されます。

（2）保育の計画には、どのような種類がありますか。

（3）幼稚園、保育所、幼保連携型認定こども園（認定こども園）、それぞれの保育・教育の目的、目標は何ですか。共通点、相違点は言えますか。

（4）保育所、認定こども園は、０歳から３つの視点にもとづいて、ねらいと内容が定められています。３歳からは、幼稚園、保育所、認定こども園は共通のねらい、内容となります。

（5）育みたい３つの資質・能力について具体例をあげて説明できますか。

（6）①〜⑦までの保育の大切なキーワードについて、簡潔に説明できますか。

（7）幼児期の終わりまでに育ってほしい姿（10の姿）は、ねらい、内容に基づく保育活動全体を通して資質・能力が育まれている子どもの小学校就学時の具体的な姿です。

> 目的・目標　⇒　５領域　15のねらい　×　53の内容　×　資質・能力
> 　　　　　　　＝　幼児期の終わりまでに育ってほしい姿

（8）幼児期の生活や遊びを通しての総合的な学びから、小学校ではそれをベースにして各教科による自覚的な学びへと発展していきます。

（9）小学校教育と幼稚園、保育所、認定こども園の教育・保育がどのようにつながっているか、簡潔に説明できますか。幼児期の３つの資質・能力が小学校の資質・能力へとつながっていき、小学校以上の教育との接続が確実なものとなります。

● 編著者紹介 ●

岡田耕一 （おかだ・こういち）————————————● 第1章〜第9章・第12章

［現　職］聖徳大学短期大学部教授
［経　歴］上智大学大学院文学研究科博士後期課程単位取得満期退学、文学修士。東京都日野
　　　　　市幼児教育センター研究員、武蔵野短期大学助教授などを務め、現職。
［著　書］『保育の計画と評価を学ぶ——保育の基盤の理解と実習への活用』『保育課程論
　　　　　——保育の基盤の理解と実習への活用』（萌文書林、編著）、『改訂 子どもの教育の
　　　　　原理——保育の明日をひらくために』『子どもの教育の原理——保育の明日をひら
　　　　　くために』（萌文書林、共著）、『保育者論』『保育原理』（一藝社、共著）、『おもしろく
　　　　　簡潔に学ぶ保育原理』（保育出版社、共著）、『幼保一元化と保育者養成』（全国保育士
　　　　　養成協議会、単著）、『幼稚園・保育所実習』（光生館、共著）、ほか著書多数。

● 著者紹介 ●

寺田博行 （てらだ・ひろゆき）————————————————● 第11章

［現　職］聖徳大学短期大学部教授
［経　歴］筑波大学大学院博士課程教育学研究科単位取得退学、修士（教育学）。聖徳大学短
　　　　　期大学部講師、准教授を経て、現職。
［著　書］『改訂 子どもの教育の原理——保育の明日をひらくために』『子どもの教育の原理
　　　　　——保育の明日をひらくために』『新訂 教職入門——未来の教師に向けて』『改訂
　　　　　教職入門——未来の教師に向けて』『教職入門——未来の教師に向けて』（萌文書林、
　　　　　共著）、『現代学校教育論』（日本文化科学社、共著）

菊地一晴 （きくち・かつはる）————————————————● 第10章

［現　職］聖徳大学教育学部専任講師
［経　歴］聖徳大学大学院児童学研究科博士前期課程修了、児童学修士。保育教諭として私立
　　　　　保育園、認定こども園に勤務。その後、学研アカデミー専任講師などを経て、現職。
［著　書］『保育の計画と評価を学ぶ——保育の基盤の理解と実習への活用』（萌文書林、共著）

装幀・本文レイアウト　　*aica*

DTP制作　　本薗直美・*aica*

イラスト　　西田ヒロコ

改訂 保育原理
子どもの保育の基本理論の理解

2019年 5 月24日　初版第 1 刷発行
2023年 3 月30日　初版第 2 刷発行
2023年12月25日　改訂版第 1 刷発行

編著者　　岡 田 耕 一

発行者　　服 部 直 人

発行所　　㈱萌文書林

〒113-0021　東京都文京区本駒込6-15-11

Tel. 03-3943-0576　Fax. 03-3943-0567

https://www.houbun.com

info@houbun.com

印刷・製本　　モリモト印刷株式会社　　　　　　　　〈検印省略〉